사회적 혁신 생태계 3.0

사회적 혁신 생태계 3.0

지은이	장용석, 김회성, 황정윤, 유미현
발행일	2015년 7월 31일
발행처	(주)씨에스컨설팅앤드미디어
발행인	허인정
등록일	2010년 2월 12일 제300-2010-17호
기획·편집	조선일보 더나은미래
주소	서울특별시 성동구 서울숲4길 21 예원빌딩 3층
전화	02)725-5521
팩스	02)725-5529
홈페이지	www.betterfuture.kr

ISBN 979-11-950043-3-1 93330

* 본 연구는 '한국고등교육재단 부설 사회적기업연구소'의 지원과 '2014학년도 연세대학교 미래선도연구
사업'의 부분적인 지원(2014-22-0111)' 및 '2014년 교육부의 재원으로 한국연구재단'의 지원을 받아
수행된 연구임(NRF-2014S1A5A2A03065913)

사회적기업연구소
연구 총 서 ___1

사회적 혁신 생태계

Social Innovation Ecosystem

장용석 | 김회성 | 황정윤 | 유미현 지음

3.0

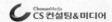
ChosunMedia
CS 컨설팅&미디어

자본주의는 3.0의 패러다임에 이르기까지 정부 실패, 시장 실패를 낳은 것은 물론 경제적 불평등, 일자리 부족, 물가 상승, 부채 증가와 같은 사회적 문제를 더욱 악화시켰고 사회적 배제로까지 확대될 우려를 안고 있었습니다. 그러던 중 지난 2008년에 발발한 세계금융위기로 인해 전 세계는 자본주의의 한계를 확인했고, 그 대안 모색이 시급하다는 것에 공감했습니다.

이러한 가운데 등장한 것이 지속가능성장, 공생발전, 공유가치 창출, 사회적 경제와 같은 개념들입니다. 이들은 경제적 가치와 사회적 가치의 동시 추구, 그리고 형평성을 기반으로 한 부의 사회적 분배라는 선순환 구조를 가지고 있어 자본주의의 한계를 극복할 수 있는 대안들로 크게 주목을 받고 있습니다. 게다가 사회적 기업이라는 새로운 조직 형태가 등장하면서 우리는 바야흐로 본격적인 공공가치 융합의 시대를 경험하고 있습니다.

우리나라는 지난 2007년 「사회적기업육성법」의 시행과 더불어 이러한 패러다임 전환에 본격적으로 합류하게 되었습니다. 이 정책은 사회적 기업을 육성함으로써 사회서비스 및 일자리 제공이라는 사회적 가치를 창출하는 데 그 목적을 가지고 있습니다. 그러나 이러한 정부 주도의 육성정책은 곧 문제를 드러냈습니다. 정책의 시작과 함께 전국적으로 사회적 기업의 수가 급격하게 증가하였으나, 보조금 지원이 끊기면서 상당수의 기업들이 경영난으로 인해 제구실을 하지 못하게 된 것입니다. 이는 우리나라의 사회적 기업이 정부 재정에 의존도가 높고 사회적 가치 추구에만 초점을 두어 기업경영에 필요한 이익창출 활동이 제대로 이루어지지 못하는 자생력의 한계에 봉착했기 때문입니다.

이러한 문제를 해소하고자 다양한 대안들이 제시되고 있으나, 근본적인 문제를 해결하려면 생태계적 관점에서 접근할 필요가 있다는 것이 이 책의 핵심 주장입니다. 우리는 이를 '사회적 혁신 생태계'라 명명하고 네 가지 차원의 구성 요소를 제시하였습니다. 그리고 이를 토대로 우리나라의 사회적 기업과 사회적 경제를 진단하고 사회적 혁신 생태계 조성에 필요한 전략과 사례를 논의하였습니다.

이미 사회적 기업의 혁혁한 발전을 이뤄낸 서구와 달리 우리나라의 사회적 기업은 아직 걸음마 단계에 있습니다. 그렇기 때문에 사회적 기업이 안정적으로 뿌리를 내리고 스스로 성장하려면 일정 부분 정부의 제도적 뒷받침이 필요합니다. 현재 국회에 발의된 「사회적경제 기본법」이 그 예가 될 수 있을 것입니다. 하지만 정부의 정책에만 의존하는 것은 한계가 있습니다. 본 연구가 제시하는 전략들은 사회적 경제 조직이 자생적으로 성장하고, 사회적 가치가 지속적으로 창출되며, 더 나아가 사회적 혁신에 대한 도전과 실험이 끊임없이 이어지는 성숙한 사회적 혁신 생태계를 만드는 데 필요한 요소들입니다.

본 연구는 시작에서 출판에 이르기까지 많은 책과 연구의 도움을

받았으며, 수많은 블로거들과 사회적 혁신가들의 아이디어가 바탕
이 되었습니다. 행여 본문에서 인용이나 출처가 누락되었거나 표기
상의 오류가 있더라도 이는 고의적인 것이 아님을 밝히며, 그에 대한
너그러운 양해를 부탁드립니다.

　본 연구는 한국고등교육재단 부설 사회적기업연구소의 지원하에
지난 1년여 간 진행되어온 연구 모임을 통해 축적된 다양한 정보와
아이디어를 집대성한 결과물입니다. 또한 연구 활동 과정에서 연세
대학교와 한국연구재단의 지원 역시 큰 도움이 되었습니다. 이에 감
사의 인사를 전합니다.

장용석, 김회성, 황정윤, 유미현
2015년 5월

| 차례 |

사회적
혁신 Social Innovation Ecosystem
생태계
3.0

사회적 경제,
사회 변화를 위한 새로운 희망인가?

최근 우리 사회에서 사회적 경제에 대한 관심과 열기는 폭발적이라고 해도 과언이 아니다. 언론을 통해 사회적 기업, 협동조합, 소셜벤처, 사회적 기업가, 사회목적투자 등 사회적 경제와 관련된 용어들을 빈번하게 보고 들었을 것이다. 기억을 돕고자 부연 설명을 하자면, 이 모든 표현들은 공통적으로 수익 창출을 목적으로 하는 영리 활동과 각종 사회문제 해결을 함께 추구한다는 의미를 지닌다. 언뜻 보면 서로 대립하는 경제적 가치와 사회적 가치를 함께 어우러지도록 한다는 것이다. 그러나 자세히 살펴보면 이는 전통적인 구분, 즉 국가, 시장, 시민사회(공동체)의 뚜렷한 각각의 역할과 그 경계가 약해지고 각 영역의 주요한 가치가 융복합화되는 현상

으로도 이해할 수 있다.[1]

국내외 사회적 기업 혹은 사회적 경제와 관련한 우수 사례를 심층 보도하는 언론뿐 아니라 정치권도 2014년 10월 「사회적경제기본법」을 발의한 바 있다. 세월호 특별법 제정을 둘러싼 유례없는 여야의 대치, 그로 인한 국회의 공전과 정치의 실종 속에서도 여야는 사회적 경제 조성을 위한 법률 제정에는 인식을 같이해온 것이다. 이 법률안은 '이윤 축적보다 사회적 가치 추구를 우선한다'는 사회적 경제의 근본정신을 국가가 법적으로 의무화했다는 점에서 사회적 경제 발전에 매우 중요한 이정표가 될 것으로 보인다. 그리고 이 기본법이 제정되면 사회적 기업, 협동조합과 같은 사회적 경제 조직에 대한 국가의 지원이 대폭 강화될 것으로 전망된다.

사회적 경제에 대한 관심과 열기는 우리나라만의 독특한 현상이 아니라 글로벌 차원에서의 사회적 경제 담론의 성장과 궤도를 같이 한다. 유엔은 2009년 총회에서 2012년을 '세계협동조합의 해'로 지정하는 결의문을 채택했다. 영국이 주도한 2013년 5월에 열린 G8 사회목적투자 포럼Social Impact Investing Forum을 통해 사회적 투자 시장Social Investment Market의 성장을 위한 정부 차원의 역할에 관한 논의를 본격화했다. 사실 사회적 기업이나 협동조합을 중심으로 하는 사회적 경제는 그 기원을 거슬러 올라가면 오랜 역사를 가지고 있다. 그럼에도 최근 들어 사회적 경제가 대안적 경제모델로서 급부상한 이유는 2008년에 촉발된 글로벌 금융위기 이후 자본주의의 한계에 대한 비판의 목소리가 힘을 얻었기 때문이다. 고용 없는 성장과 소득 양극화를 해소하고, 경제적 위기가 으레 동반하는 대량 실업을 방지하고자 사회적 경제가 가진 잠재력에 주목하게 된 것이다.

시장의 실패라는 배경이 사회적 경제에 대한 관심을 불러일으킨 한 축이라면 또 다른 한 축은 바로 정부의 실패에 있다. 빈곤이나 환경, 복지 등과 같은 사회문제를 정부가 단독으로 해결하는 것이 효과적이지 못하다는 주장이 지속적으로 제기되었다. 정부가 투입하는 재원에도 한계가 있을뿐더러 사회문제 해결을 위한 창의적인 역량을 관료제로부터 크게 기대할 수 없다는 것이다. 정부가 직접 나서기보다는 정부 재원을 아끼면서 민간의 활력을 활용해 사회적 문제해결을 시도해보자는 이유가 여기에 있다.

사회 변화를 위한 새로운 대안으로 부상한 사회적 경제는 확실히 매력적이다. 그렇다면 실제 우리나라의 사회적 경제의 현실은 어떠할까. 2007년 「사회적기업육성법」과 2012년 「협동조합기본법」이 제정되면서 사회적 경제 조직을 육성하는 법률적 토대가 마련된 이후, 정부의 사회적 경제 조직을 설립하려는 본격적인 지원이 시작되었다.

대표적인 사회적 경제 조직인 사회적 기업을 보자. 일정한 요건을 갖추면 정부로부터 1년간 인건비를 지원받을 수 있는 예비 사회적 기업의 경우, 2007년에 396개소에서 2014년 기준 1,466개소로 네 배 이상 증가했다. 3년간의 인건비를 보조받게 되는 인증 사회적 기업 또한 2007년 50개소에서 2014년 1,251개 기업으로 스물다섯 배 이상 증가했다. 이는 18만 개에 달하는 사회적 기업이 활동하고 있는 영국에는 크게 못 미치는 수준이나, 사회적 경제의 태동기라는 점을 감안하면 정부 지원하에 사회적 경제가 빠른 속도로 성장하고 있는 것처럼 보인다.

그러나 지난 2014년 2월 발표된 국회입법조사처의 보고서에 따르면 정부보조금이 종료된 이후 생존하는 사회적 기업은 15퍼센트에 불과하다.[2] 대다수의 사회적 기업이 정부의 지원이 끊기면 도산의 위험에 처한다. 기업으로서의 자생력이 매우 취약하다는 뜻이다.

2014년 고용노동부가 주관한 '사회적 기업 우수상품전'에 소개된 사회적 기업의 상품들을 살펴보면, 유기농 신생아 의류, 캡슐 커피, 쌀 가공품, 친환경 세제, 사무용품, 유기농 영귤, 전통 장류, 컴퓨터, 재생 프린터 토너, 산업·소방 안전용품, 복사용지, LED 표지판, 공정무역 친환경 의류, 공정무역 커피, 육포, 천연발효식품 등이 있다. 이들 20여 개 사회적 기업의 제품들은 대다수가 소비재로서 시장경쟁이 매우 치열하고 제품의 수명 주기가 짧으며 수익성이 낮은, 이른바 레드오션 시장을 겨냥하고 있다. 비슷한 제품과 전략으로 경쟁하는 기업이 많은 이들 시장에서 사회적 기업이 성공하기란 쉽지 않다.

　　우리나라 사회적 기업의 태생적인 한계 또한 자생력 한계의 원인으로 지적된다. 그간 사회적 기업 정책은 저소득층, 장애인, 여성 등 취약 계층의 일자리 창출을 목적으로 추진되어 왔다. 정부는 사회적 기업의 재무적 성과는 물론이고 사회적 성과를 키우는 데 초점을 두지 않았다. 사회적 성과를 고용문제 해결로 매우 협소하게 규정짓고, 단기간에 일자리 수를 늘리는 데에 관심이 있었다. 사실상 전통적인 일자리 창출 정책의 대체 수단 혹은 보완 수단으로 간주했던 셈이다.

따라서 냉정하게 말하면, 현재의 우리나라 사회적 경제의 모습은 경제적 가치와 사회적 가치의 동시적 추구라는 그 근본정신을 실현하지 못하고 있고 사회적 경제의 지속가능성 또한 심각하게 의문시되는 상황이다. 그간 사회적 경제의 지속가능성을 높이려는 다양한 해법이 제시되었고, 실제 정부의 지원 정책도 발전 중에 있다. 사회적 기업가와 종사자를 위한 교육훈련 지원제도의 확대, 마케팅 및 브랜드 강화와 원활한 자금조달의 실현, 사회적 기업 제품에 대한 공공기관의 구매 의무화 등 다양한 해법과 전략 또한 시도되고 있다. 이러한 처방들은 정부의 지원정책이 사회적 경제 조직에게 인건비를 직접 지원하는 방식에서 벗어나 사회적 기업의 전반적인 경영 역량을 강화하는 간접 지원 방식으로 전환되고 있음을 의미한다.

하지만 우리는 기본적으로 개별 기업 차원에 초점을 맞춘 해결 방안만으로 사회적 경제의 지속가능성을 높이기는 어렵고, 거시적 차원에서 사회적 경제의 생태계를 효과적으로 조성하기 위한 전략이 필요하다고 생각한다. 사실 생태계 차원의 전략은 전혀 새로운 것은 아니다. 이른바 제도적 금융기관으로부터 자금을 조달하기 어려운 사회적 경제 조직들을 위해 별도의 사회적 금융 시장이 만들어져야 한다는 논의가 대표적이다.

그렇지만 우리의 접근법은 다음 세 가지 측면에서 기존의 논의와 차별화된다. 첫째, 사회적 '혁신' 생태계를 구현하는 데 도약해야 할 단계적 발전 형태를 제시하고자 했다. 사회적 경제의 핵심 가치, 사회문제 해결을 위한 창의적인 아이디어와 실질적인 성과를 기대하려면 사회적 경제는 '혁신적'이어야 한다. 긍정적인 사회 변화를 촉진할 수 있는 사회적 혁신 없이는 사회적 경제의 지속가능성은 기대하기 어렵다. 현재 우리나라의 사회적 경제는 양적 성장 단계에 있지만 사회적 혁신 생태계의 성숙도가 낮은 매우 취약한 상태이다. 이에 우리는 사회적 경제 생태계가 이상적인 사회적 혁신 생태계의 모습을 갖추기 위해 도약해야 할 세 가지 단계적 발전 형태를 제시하고 있다.

둘째, 사회적 혁신 생태계에 관한 포괄적인 개념의 프레임을 설계하고 이를 통해 현재의 사회적 경제에 대한 진단과 그 해법을 제시하고자 했다. 혁신역량, 상호작용, 거버넌스, 제도로 구성되는 네 가지 개념적 차원은 생태계 조성의 필수적인 플랫폼과 같다. 상호 간에 밀접한 관련성이 있는 네 가지 차원이 활발하게 작동하지 않으면 생태계는 발전하기 어렵다.

끝으로, 사회적 혁신 생태계에서 민간기업, 특기 대기업의 역할을 부각시키고자 했다. 사회적 책임^{CSR} 혹은 공유가치창출^{CSV}을 강조하는 기업 경영 패러다임이 부상하면서 사회적 혁신 생태계 조성에 기업의 관심과 참여를 이끌어내기 위한 우호적인 사회적 분위기가 마련되었다. 그러나 아쉽게도 다양한 형태로 진행되는 기업의 사회적 기여 활동을 사회적 혁신 생태계 조성에 어떻게 연계할 수 있을지에 대한 논의는 부족하다. 우리는 생태계 조성이라는 이 거대한 프로젝트에서 정부의 의지와 지원이 필수적이라는 데 동의하지만, 정부 주도의 생태계 조성에 빛과 그림자가 공존한다는 점은 분명히 하고자 한다. 민간과 시민사회의 역할을 존중하면서 정부가 해야 할 일을 찾아야 한다. 정부의 단기적 실적 추구와 과도한 개입은 민간의 창의력과 활력을 저해하고 사회 전체 자원의 효율적인 활용을 가로막는다.

현재의 사회적 경제는 지속가능하지 못하다. 사회적 경제가 지닌 파급효과가 현실화되려면 사회적 혁신 생태계 조성이라는 명확한 좌표를 설정하고 포괄적인 전략 방안을 고민해야 할 때이다. 개별 사회적 경제 조직의 경영역량 강화에 초점을 둔 프로그램들은 투입한 시간과 비용에 비해 그 효과가 제한적이고 단기적인 처방에 그칠 수 있다. 사회적 경제 생태계의 나무 하나하나를 살피되 어떤 밑그림으로 가지고 울창한 산림을 조성할지에 대해서도 관심을 가졌으면 하는 바람이다. 우리의 논의가 사회적 경제에서 새로운 희망을 찾고, 그 미래를 고민하는 이들에게 마중물이 되기를 기대한다.

1장

융합 가치의 시대: 새로운 사회 질서의 도래

SOCIAL
INNOVATION
ECOSYSTEM
3.0

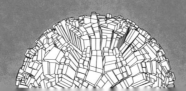

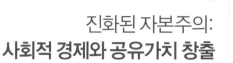

01_

진화된 자본주의:
사회적 경제와 공유가치 창출

최근 들어 전 세계적으로 나타난 수차례의 경제 위기와 사회적 불평등의 심화, 저성장으로 인한 경기 침체 등은 시장 메커니즘이 지닌 문제점을 여실히 드러냈다. 이른바 신자유주의에 기반한 기존의 시장질서가 이제 그 한계에 다다른 것이다. 특히 사회문제가 점차 복잡다기화 되었을 뿐만 아니라 그 영향력 또한 사회 전반에 걸쳐 크게 확대됨에 따라 정부의 전통적인 역할만으로는 이를 해결하기가 더욱 어려워지고 있다.[3] 이제 정부뿐만 아니라 기업, 시민사회 등 다양한 주체들의 참여를 바탕으로 한 공동의 대응 노력이 절실해졌다.[4]

우리나라 또한 빠른 경제 발전 과정을 거치면서 양극화, 불평등,

반 기업 정서 등의 문제가 크게 증가하였다. 그에 따라 성장의 한계를 극복하고 지속가능한 발전과 공정한 사회를 구현할 수 있는 새로운 사회운영 패러다임에 대한 요구가 점차 증가하고 있다.[5] 과거 다양한 사회문제의 해결은 정부 고유의 영역으로 취급되어 왔으며, 기업은 이윤 추구의 목적만을 지니고 있었다고 해도 과언이 아니다. 그러나 이제 기업은 단순히 수익 창출이라는 고유의 역할을 넘어 사회적 책임을 실천하고 새로운 사회적 가치를 추구할 것을 요구받고 있다.[6] 정부와 민간을 서로 배타적인 관점에서 바라보는 전통적인 사회 운영 방식에서 벗어나 정부와 기업, 나아가 시민사회까지 함께 파트너십을 구축하고 협력하는 거버넌스Governance가 새로운 사회 운영 원리로 추구되고 있다.[7] 창조경제, 지속가능한 발전, 동반 성장과 나눔 추구 등의 개념이 심심치 않게 등장하는 요 근래 현실은 기존 시장논리에 대한 반발과 더불어 혁신적 신사회질서에 대한 요구를 단적으로 보여준다.

물론 이러한 패러다임들이 최근 들어 갑자기 생겨난 것은 아니며, 그간에도 경제적 가치와 사회적 가치를 조화시키려는 다양한 노력과 논의는 계속 이어져 왔다. 그럼에도 자본주의에 대한 우리 사회의 강한 신뢰로 인해 이러한 논의들은 그리 큰 주목을 받지 못했다. 독과점이나 불평등, 외부성과 같은 부정적 측면에도 불구하고 시장체제는 우리에게 좀 더 큰 이득을 가져다주었기 때문이다. 그러나 1990년대 이후 나타난 외환위기와 2008년의 미국발 금융위기 등은 자본주의 시스템에 대한 신뢰를 크게 약화시켰고, 우리로 하여금 시장을 되돌아보게 만드는 중요한 계기로 작용하였다.

사회적 경제Social Economy와 기업의 사회적 책임Corporate Social Responsibility, CSR, 공유가치 창출Creating Shared Value 등은 자본주의의 한계를 성찰하고 새로운 대안을 모색하면서 나타난 융합가치 패러다임의 주요 중심 축이라고 볼 수 있다. 사회적 경제란 기존의 자본주의의 핵심인 이윤 극대화와 시장 중심의 원리만을 강조하기보다는 사회적 목적과 민주적 가치를 조화롭게 하고자 하는 경제 개념이다.[8] 공유가치 창출은 자본주의의 발달과 함께 크게 성장한 기업이 지닌 풍부한 자본과 아이디어, 높은 역량을 활용해 경제적 이윤 추구에 사회적 가치 창출을 접목하는 것을 의미하며, 기업의 사회적 역할과 자선적 공헌을 강조한 기업의 사회적 책임에서 한걸음 더 나아간 형태라고 볼 수 있다.

이들 논의는 출발 배경이나 발전 과정은 다르지만 사회문제의 해결이나 사회적 가치를 창출하고자 국가나 기업, 시민사회에게 새로운 역할을 주문하고 있다는 점에서 일맥상통하는 측면이 있다. 결국 사회적 경제와 공유가치 창출 또한 사회적 혁신으로 나아가는 중요한 과정에 해당한다. 따라서 사회 혁신을 논하기 전에 이들 패러다임을 먼저 이해하는 것이 필요하다. 그렇다면 이들은 과연 무엇이며 우리는 왜 여기에 주목해야 하는가?

사회적 경제의 역사와 의의

사회적 경제는 사실 상당히 오랜 역사를 지니고 있다. 사회적 경제란 용어는 19세기 프랑스의 자유주의 경제학자 샤를 뒤느와이에 Charles Dunoyer가 1830년 그의 논문 〈노동의 자유De La Liberté Du Travail〉에서 처음 사용한 것에서 유래하나,[9] 사회적 경제가 공식 명칭을 갖게 된 것은 20세기 프랑스 경제사상가이자 실용적 개량주의자인 샤를 지드Charles Gide에서 찾는 것이 적절하다. 그는 1900년 파리세계박람회 The Paris World Fair 1990에서 모든 유형의 결사체들을 박람회의 한 장소로 배정하고 이를 '사회적 경제'로 명명하였다.[10]

사회적 경제는 하나의 구체적 개념으로 인식되기보다는 상당히 다양한 형태로 정의되고 있다. 이를테면 맥퍼슨Macpherson, 2007과 유럽사회경제정보센터The European Information Centre For The Social Economy는 사회적 경제에서 "지속가능한 발전, 기회의 균등, 불이익 계층의 포용 등 다양한 사회적 목적을 달성하고자 협동조합, 공제회, 재단 등 사회 조직들이 경제적 활동"을 하게 된다고 소개했으며, 유럽위원회European Commission, 1989는 "공동의 욕구를 가진 사람들에 의해, 그리고 그들을 위해 만들어진 기업들로 구성된 이해 당사자 경제Stakeholder Economy의 일부로서, 중요한 경제 행위자인 상호공제조합, 협동조합, 민간단체, 재단을 포함하는 것"으로 이를 정의하고 있다.[11] 또한 사회적 경제 조직은 "회원들의 욕구에 기초해 회원들이 소유하고 운영하는 사람 중심의 조직과 기업이자, 사회적·민주적 연대에 기초한 목표를 지니는 조직"

으로 정의하고 있다.[12]

　OECD(2007) 또한 "국가와 시장 사이에 존재하는 모든 조직들로 사회적 요소와 경제적 요소를 가진 조직들"로 정의하고 있으며,[13] 장원봉(2007)은 "자본·권력을 핵심 자원으로 하는 시장과 국가에 대한 대안적 자원 배분을 목적으로 하며, 시민사회·지역사회 이해당사자들이 다양한 생활의 필요 충족을 위해 실천하는 자발적이고 호혜적인 참여경제 방식"으로 사회적 경제를 개념화하고 있다.[14] 또한 송위진(2014)은 사회적 경제를 실무적 의미에서 "구성원 상호간의 협력과 연대, 적극적인 자기혁신과 자발적인 참여를 바탕으로 한 사회서비스의 확충, 복지의 증진 및 일자리 창출 등 다양한 사회적 가치를 창출하는 모든 경제적 활동을 지칭하는 것"으로 정의하고 있다.[15]

　이렇듯 다양한 사회적 경제에 대한 정의는 강조점이나 그 범위에 다소 차이가 있기는 하지만, 대체로 사회적 목적을 가지고 경제 활동을 하고 조직 운영 원리에 있어 민주적 가치를 강조하는 조직들의 집합체로 정의되고 있다. 사회적 경제의 개념이 모호하고 추상적으로 정의되는 이유는 사실 19세기 후반 유럽의 사회경제적 맥락과 관련이 깊다.

　당시 유럽은 자유주의 이념에 근거한 무한경쟁으로 인해 자본가들에게만 막대한 부가 축적되고 정작 노동자들은 빈곤과 실업에 직면하는 등 다양한 사회문제가 발생하기 시작했다. 노동자들은 이러한 자본주의의 폐해와 모순을 극복하고, 경쟁보다는 연대와 협력의 원리를 중심으로 한 경제를 꿈꾸게 되었다. 따라서 자본가 개인의 이윤만을 보장하는 자본주의 시장경제에 대한 대안으로 사회적 경제가 등장했고, 구성원들의 집합적인 이익 추구를 가능하게 하는 조직들을 하나의 부문으로 묶어 활성화할 것을 강조하기 시작했다.[16]

샤를 지드 역시 협동이야말로 비인간적인 자본주의 시장경제에 대한 대안이자 이윤을 공유할 수 있는 방안이라고 보고, 사회적 경제의 성장을 통해 시장원리로 인한 폐해와 불평등을 개선할 수 있다고 믿었다.[17] 사회적 경제 개념이 이토록 추상적인 것은 연대의 원리에 기초한 다양한 경제 조직들을 하나로 묶어 개념화를 시도한 것에서 비롯되었다고 추측할 수 있다.

물론 이러한 사회적 경제는 당시에는 어디까지나 개념적인 상태로 존재했을 뿐이며, 적어도 20세기 중반까지는 기존 경제 체제의 주변물로 취급된 측면이 없지 않다. 시장경제가 비약적으로 성장하고 복지국가가 발전하여 실업과 빈곤이 상당 부분 해소됨에 따라 굳이 협력과 호혜를 통해 부(富)를 재분배할 필요가 없었기 때문이다.

그러나 1970년대 이후 전 세계적인 경제 위기와 재정 위기로 인해 복지국가의 후퇴가 나타나고, 시장 실패로 인한 여러 가지 어려움이 발생하자 사회적 경제는 다시 증폭된 사회문제들을 해결하는 시장경제의 대안으로 부상하기 시작했다. 특히 사회적 경제는 1980년대에 프랑스와 벨기에에서 정부 정책 중 하나로 논의되었을 뿐만 아니라 1980년대 말 유럽연합의 아젠다로도 등장했다. 이렇듯 사회적 경제를 통해 각종 사회경제적 위기를 타개하기 위한 전략적 노력은 이후 2002년 유럽의 '사회적 경제 유럽헌장'의 발표로까지 이어지게 된다.[18]

자본주의의 역사의 굴곡과 함께 진화해온 사회적 경제의 현대적인 의미와 가치는 무엇인가? 단순히 새로운 특성을 가진 조직들의 집합체로 사회적 경제를 정의하는 것만으로는 사회적 경제의 참모습을 명확히 포착하는 데 한계가 있다. 우리는 이념형적인 차원에서 광범위하고 다양한 측면을 포괄하고 있는 사회적 경제의 중요한 특징은 다음과 같다고 생각한다.

먼저 사회적 경제에서는 이윤추구적 이해의 논리보다는 평등이나 형평성과 같은 가치를 중시한다. 즉 사회적 목표가 상업적 목표에 우선하는 것이다.[19] 사회적 경제하에서 수익 활동이란 사회적 목표 추구의 범위 내로 한정되며, 이윤 추구에 따른 지나친 부의 축적이나 도를 넘는 탐욕은 억제된다. 따라서 사회적 경제에서는 자유시장 경제와 달리 수익 극대화의 원리가 근본적으로 완화된다고 볼 수 있다.

둘째, 사회적 경제에서는 경영 활동을 통해 창출된 이익의 분배 기능이 강화된다. 전통적 의미에서의 사회적 경제 조직은 다양한 조직 구성원이나 지역 주민 등이 소유하고 재정을 충당하는 구조를 지니고 있다.[20] 협동조합에서 수익 활동을 통해 창출된 이윤을 조합원들에게 배당하는 것이 대표적인 예이다. 따라서 사회적 경제에서는 경제적 이익이 특정 소유주에게 귀속되지 않는다. 즉 경제적 이익이 조직 구성원들에게 분배되거나 지역 공동체에 재환원되기 때문에 이익이 어느 한 사람에게만 집중되는 결과를 방지할 수 있는 것이다. 따라서 시장경제하의 일반 기업에서는 경영진과 일반 직원 간에 막대한 임금 격차가 생기는 반면, 사회적 경제에서는 이러한 임금 격차에서 비롯한 불평등 문제가 상당 부분 해소된다.

이뿐 아니라 사회적 경제에는 민주적 정책결정 과정, 즉 민주적 조정경제가 제도화되어 있다. 언뜻 보면 사회주의 경제체계의 특징인 계획경제Planned Economy의 요소를 가지고 있는 것처럼 보이나, 꼭 그렇지는 않다. 계획경제는 공산당 일당 체제에 의한 의사결정에 기초한 반면, 사회적 경제에서는 1인 1표의 원칙에 의한 자율적이고 민주적인 의사결정 과정을 중요시 한다.[21] 따라서 다양한 이해 관계자들의 의견이 반영되고 이들의 참여가 보장되는 구조를 지니며, 이러한 의사결정 방식은 최근 들어 강조되는 참여적 정책결정의 논리와도 무관하지 않다.

마지막 특징이자 사회적 경제의 가장 중요한 핵심은 바로 적극적 사회정책 기능의 수행에서 찾아볼 수 있다. 사회적 경제 조직의 경제활동이란 바로 사회적 목적을 달성하고자 함이며, 이는 일반 영리 기업의 이윤 활동과 구별되는 가장 주요한 요소이다. 따라서 사회적 경제는 일자리 창출을 통한 소득 보장이나 사회 서비스 확충, 지역 공동체의 발전이나 기타 공익을 창출하는 등 다양한 측면에서 기능할 수 있다. 특히 정부의 정책 실패를 교정하고 각종 사회문제를 해결할 수 있으며, 민간 기업에게 사회적 책임 이행을 위한 파트너십의 기회를 제공해줄 수 있다는 점에서 상당히 매력적이다.

최근 사회적 경제가 새로운 정책 이슈로 등장하면서, 우리나라에서 역시 유럽의 사회적 경제 개념이 각광받고 있는 추세이다. 시민사회가 성장하고 협동조합, 마을기업 등 다양한 시민조직들이 탄생함에 따라 경제적 활동을 바탕으로 한 공평한 이윤 분배에 대한 요구가 커지고 있기 때문이다. 창조경제 역시 이러한 사회적 경제의 개념에 어느 정도 바탕을 둔다고 볼 수 있으며, 사회적 경제는 이러한 시민들의 목소리와 맞물려 새로운 변화를 맞이하고 있다.

결국 사회적 경제란 오로지 이윤이라는 목적 하나로 사회적 배제와 불평등을 양산한 신자유주의에 대한 반성어린 지적이며, 동시에 비시장경제의 원리와 호혜의 정신에 입각하여 실업과 빈곤 등 각종 사회적 문제를 극복하자는 새로운 제안인 것이다.[22]

기업의 사회적 책임과 공유가치 창출

사회적 경제가 시민사회에 중심을 두고 출발한 개념이라면, 사회적 책임CSR, Corporate Social Responsibility은 기업을 중심으로 발전된 개념이라고 할 수 있다.

사회적 책임이라는 용어는 미국 학자 하워드 보웬Howard Bowen이 1953년에 제시한 논문 〈기업인의 사회적 책임Social Responsibilities of the Businessman〉에 의해 공식화되었다.[23] 그는 논문에서 CSR을 "기업이 사회의 목적 및 가치의 맥락에서 바람직한 정책을 추구하고, 의사 결정을 하며, 이에 따라 행위하는 것"으로 규정했는데, 당시 미국의 자유방임경제하에서 나타난 다양한 사회적 문제를 교정하는 데 있어 CSR의 보완적 역할을 강조했다.[24]

이후 CSR에 대한 다양한 개념화와 접근이 시도되었다. 데이비스 Davis, 1960는 "기업의 직접적인 경제적 혹은 기술적 이해관계를 넘어서는 기업 결정과 행위"로,[25] 맥과이어Mcguire, 1963는 "경제적·법적 의무뿐만 아니라 이러한 의무를 넘어서는 사회에 대한 책임"으로 CSR을 정의하고 있다.[26] 따라서 자선활동과 시민의식을 동기로 기업의 가치사슬상 존재하는 사회적 문제 및 이와 관련된 이해관계자의 이슈에 대응하는 일련의 활동을 CSR이라 볼 수 있다.

과거에는 이윤 극대화를 통한 기업 경쟁력 확보를 기업 경영의 최우선 과제로 여겨왔다. 하지만 이러한 접근은 기업에 대한 신뢰를 떨어뜨리고, 고객, 지역사회, 다양한 이해관계자들의 요구를 균형 있게 고려하지 못하는 한계를 드러냈다. 수익 창출이라는 최우선적이고 유일한 목표의 추구가 오히려 기업의 장기적 성장과 생존을 어렵게 하는 아이러니한 상황이 벌어진 것이다. 특히 노동이나 환경, 반부패와 같이 다양한 영역에서 기업의 책임이 요구되기 시작하면서 CSR은 기업 활동의 중심으로 떠오르기 시작했다.[27]

하지만 2000년대까지만 하더라도 기업의 경영 패러다임은 기존의 이윤 추구를 중심으로 하되 자선이나 나눔 활동과 같은 부분적인 사회적 공헌에 머물러 있었던 것 또한 사실이다. 기업의 경쟁 우위를 확보하고 수익 추구에 있어 긍정적으로 작용한다는 전략적 CSR 논의가 등장하긴 했지만, 이 역시 기업 본연의 목표인 이윤의 극대화라는 테두리 안에서만 유효했을 뿐이었다. 기업은 사회문제의 직접적인 해결에 있어서는 소극적인 존재였으며, 경제적 가치와 사회적 가치의 달성은 여전히 별개의 것으로 여겨졌다.

최근 들어 이윤 추구 중심의 기업 경영 패러다임은 크게 변화하고 있다. 경제적 가치와 사회적 가치가 완전히 분리된 것이 아니라 양자를 동시에 추구하는 것이 가능하며, 이러한 노력이 기업과 사회의 지속적인 발전을 담보할 수 있다는 논리가 강조된 것이다. 이러한 새로운 가치창출 패러다임은 '공유가치창출CSV, Creating Shared Value'로 대표된다. 공유가치창출이란 포터와 크레이머Porter And Kramer, 2011가 주장한 개념으로, 사회의 발전과 경제 발전의 접점을 인식하고 이를 사업화하는 데 초점을 맞춘 것이라 할 수 있다. 즉 CSV는 기업의 경쟁력과 주변 공동체의 번영이 상호의존적이라는 인식에 바탕을 두고, 기업이 지역사회와 연계하여 경제적·사회적 가치의 총량을 확대할 수 있다는 논리에 기반을 둔다. 이들의 논리에 따르면 기업은 수익 창출 이후에 사회공헌 활동을 하는 것이 아니라 비즈니스 활동 그 자체를 통해 사회적 가치와 동시에 경제적 수익을 추구할 수 있다. 결국 CSV는 지역의 경제·사회적 여건을 개선시키면서 동시에 사업의 핵심 경쟁력을 강화하여 기업 성공과 사회 발전의 조화를 추구하는 일련의 경영

활동을 의미한다.[28]

CSR과 CSV는 크게 두 가지 측면에서 다르다. 먼저 CSV는 기업의 핵심 비즈니스와 사회적 가치 창출이 연계됨을 의미한다. CSR은 기업이 이윤 활동을 추구한 이후 이익의 일부를 사회에 환원하는 방식인 반면, CSV는 비즈니스 활동 그 자체가 경제적 가치와 사회적 가치를 동시에 창출한다는 개념이다. 둘째, CSR 활동은 기업에게 비용으로 인식되는 반면, CSV 활동은 사회적·경제적 효용을 모두 증가시킨다는 점에서 기업에게 경쟁력 향상의 기회를 준다. 일반적으로 CSR을 위한 예산은 한정되어 있어 그 활동이 제한적인 반면, CSV는 비즈니스와의 연계를 통해 새로운 전략을 도입하고 그를 통한 예산의 확보가 가능하다.

물론 CSV에 대한 비판의 목소리 또한 존재한다. 앤드루 크레인 Andrew Crane을 비롯한 CSR을 연구하는 학자들은 CSV가 결코 새로운 개념이 아니며, CSR의 일부분에 불과하다고 주장한다. 이들에 따르면 CSR이란 단순한 일방적 기부나 사회공헌 활동을 넘어 공정거래, 인권, 환경, 노동 관행 등의 이슈에 대해 기업을 둘러싼 다양한 이해 관계자들을 고려하며 기업이 지켜야 하는 사회적 책임을 포괄적으로 일컫는 개념이다. 따라서 CSR 또한 사회적 목적과 가치 창출이라는 개념이 이미 전제되어 있다는 것이다. 특히 이들은 CSV 논의가 기업의 사회적 역할에 대한 얕은 이해에서 출발하며, 그로 인해 사회적 가치와 경제적 가치 간의 긴장 관계를 과소평가하고 있다고

비판한다. [29]

어쨌거나 CSR과 CSV 모두 기업의 경영 패러다임을 변화시키고 있다는 점은 자명하다. 결국 기업이 지닌 이윤 추구의 논리도 이제 단순한 자선 활동과 사회 공헌을 넘어 경쟁 우위의 확보를 위한 CSR 과 경제적 가치와 사회적 가치를 동시에 추구하는 CSV에 이르기까지 상당 부분 변화하고 있는 것이다.

사회적 기업의 등장

CSR에 대한 논의는 전략적 사회적 책임과 공유가치 창출로 그 맥락이 이어져 온 반면, 사회적 경제에 관한 이론화는 자유방임주의에 대항한 노동자의 단결에서 출발하여 협력과 연대에 기반을 둔 사회문제 해결로 그 흐름이 변화했다는 점에서 사실 양자는 서로 다른 논리 구조와 발전 과정을 보였다. 특히 CSV는 기업의 활동이 경제적 가치와 사회적 가치를 동시에 달성할 수 있다는 특징을 지니는 반면, 사회적 경제는 수익의 배분 및 호혜와 연대를 기반으로 한 공동체 지향 경제라는 특징을 지닌다는 점에서도 두 패러다임의 차이가 존재한다.

그러나 흥미롭게도 최근 들어 나타난 새로운 조직 형태인 '사회적 기업'의 등장은 두 접근의 교집합을 만들어냈다. 사회적 기업은 현대 사회의 다양한 경제적·사회적 조건의 변화 속에서 종래 조직들의 한계를 뛰어넘는 혁신적 요소를 강조하면서 등장한 개념이다. 기업의 사회적 책임 및 공유가치 창출의 수단으로서의 '사회적 기업'과 광범위하고 다양한 사회적 경제 조직의 한 형태로서 '사회적 기업'이 부상함에 따라 두 논의의 접점이 발생한 것이다. 대부분의 기존 논의들은 두 가지 접근의 역사적 배경과 발전 과정의 차별성을 강조하였던 것과는 달리 우리는 사회적 경제와 CSV 논의를 종합함으로써 지속가능한 사회 혁신 생태계의 청사진을 찾는 것이 가능하다고 주장한다.

사회적 기업에서
사회적 혁신 기업으로

사회적 경제와 공유가치 창출은 기존의 경제 질서에 대한 새로운 대안이자 융합가치 패러다임을 실제 구현하기 위한 시도로서 전 세계에서 동시다발적으로 나타나고 있다. 이러한 시도는 사회적 기업뿐만 아니라 협동조합, 마을기업 등 다양한 형태의 조직 유형에서 그 증거를 찾아볼 수 있는데, 우리는 여기서 사회적 기업에 대해 잠시 짚고 넘어갈 필요가 있다.

새로운 조직의 출현

사회적 기업이란 기존에 존재하지 않던 새로운 조직 유형으로써 지역사회 또는 공동체의 경제적·사회적 발전을 동시에 달성하기 위한 조직적 기반이다. '기업'의 형태를 지니면서도 사회문제의 해결이라는 '사회적' 목적을 위해 등장한 사회적 기업은 협동조합이나 마을

기업과 함께 사회적 경제를 이루는 주요 조직 유형 중 하나라고 볼 수 있다.

사회적 기업은 주로 제3섹터에서 출발하였으나 그 등장 배경이나 발전 과정, 그리고 그 특성에 있어 나라별로 차이를 나타내며, 그렇기에 국가마다 사회적 기업의 근원은 그 맥을 달리한다. 민간 분야와 공공 분야, 제3섹터 사이의 역할 균형의 측면에서 개별 국가 고유의 정치적·경제적 특성을 반영하기 때문에 국가마다 사회적 기업 개념 정의에도 차이를 보이는 것이다.[30]

먼저 유럽의 경우를 살펴보자. 유럽에서의 사회적 기업은 실업과 사회적 배제 등 기존의 시장 메커니즘이 낳은 폐해에 대한 반작용으로 발전한 제3섹터의 맥락에 위치해 있다.[31] 때문에 이는 이윤추구보다는 사회 서비스 제공이 우선되고 이익에 대한 재분배적 성격이 강한 형태의 사회적 안전망의 역할에 충실하고자 한 것이 특징이다. 그리고 안정적인 자원 및 판로 확보, 사회적 기업 네트워크 구축 등 사회적 기업의 지속가능성에 있어 정부의 정책적 뒷받침이 큰 역할을 한다.[32]

반면 미국의 사회적 기업은 유럽과 달리 비영리 조직의 자금조달 문제를 해소하기 위한 방안으로 등장했다. 1970년대 미국에서는 심각한 재정 위기로 인해 비영리 조직에 제공되던 국가의 지원이 상당 부분 중단됨에 따라 비영리 조직들은 생존을 위해 다양한 재원을 확보해야 하는 상황에 직면하게 되었다. 그에 따라 기부나 모금 활동뿐만 아니라 수익 창출을 위한 다양한 서비스 제공에 관심을 두게 되었고, 이 때문에 미국에서는 제도보다는 사회적 기업가의 혁신에 기반을 둔 경영학적 접근이 주를 이루었다는 점에서 유럽과 차이가 있다.[33]

그렇다면 우리나라의 사회적 기업은 어떠한 배경에서 이해해야 하는가? 한국에서는 정부의 적극적인 주도로 사회적 기업의 토대가 마련되어 육성되고 있다. 우리나라의 사회적 기업은 일자리 창출, 지역 경제 발전, 사회 서비스 확충, 윤리적 시장 문화 조성을 통한 지속가능한 경제 및 사회통합을 구현하는 데 그 목적이 있으며, 특히 증가하는 실업 문제를 해결하기 위한 사회 정책의 일환으로 시작된 측면이 크다. 「사회적기업육성법」 제2조에서는 사회적 기업을 "취약 계층에게 사회 서비스 또는 일자리를 제공하여 지역 주민의 삶의 질을 높이는 등의 사회적 목적을 추구하면서 재화 및 서비스의 생산·판매 등 영업 활동을 수행하는 기업"으로 정의하고 있으며, 일반에서도 이러한 개념이 널리 받아들여지고 있다. 이처럼 우리나라의 사회적 기업 출현과 발전 과정은 미국이나 유럽과 차이가 있다.

사회적 기업의 등장 배경이 다르다 보니 사회적 기업에 대한 개념 정의 또한 다를 수밖에 없다. 미국에서는 사회적 기업을 "비영리조직의 혁신적 비즈니스 활동"으로 정의하고 있으며,[34] 영국에서는 "사회적 목적을 가진 비즈니스이며 동시에 그 잉여금이 주주나 소유주의 이익을 극대화하는 데 쓰이지 않고 사회적 목적을 위해 비즈니스나 지역사회에 재투자되는 것"으로 정의하고 있다.[35]

유럽의 대표적인 사회적 경제 조직 연구단체인 유럽리서치네트워크EMES, European Research Network는 드푸리니Defourny, 2001, 16-18가 제시하는 네 가지 경제적 지표와 다섯 가지 사회적 지표를 차용하여 아홉 가지 사회적 기업의 요건을 다음과 같이 세 가지 영역으로 재구분하여 제시하고 있다.

먼저 경제적·기업가적 기준으로서 세 가지 지표는 ① 지속적인 재화의 생산 및 서비스 제공의 경제활동이 가능하고 ② 상당한 수준의 경제적 위험을 감수할 수 있으며 ③ 최소한의 유급 고용이 이루어져야 한다는 점이 그것이다.

둘째, 사회적 기준의 세 가지 지표는 ① 공동체 이익에 대한 명확한 기준이 있고 ② 시민 집단 또는 시민 사회 조직에 의해 설립되어야 하며 ③ 제한적 이익 분배가 이루어져야 한다는 것이다.

마지막으로 참여적 거버넌스를 반영하는 세 가지 지표는 ① 높은 수준의 자율성이 있고 ② 자본주의적 소유 구조에 기반을 두지 않는 의사결정 구조를 가지며 ③ 다양한 이해관계자가 참여할 수 있는 구조를 가져야 한다는 것이다.

이렇듯 사회적 기업에 대한 개념은 매우 다양하게 정의되고 있으나 한 가지 명확한 것은 사회적 기업이란 정부, 민간, 시민 사회라는 세 개의 이해관계자 영역 중 어느 한쪽이 치우치지 않으면서 각각의 영역들이 교차하는 지점에 위치하여 역할을 수행하고 있다는 점이다. 사회적 기업은 이를 통해 종래의 조직과는 다른 전혀 새로운 형태의 조직으로 특징지어진다. 사회적 목적과 수익성을 동시에 추구한다는 것은 결국 사회적 기업의 존재 이유이자 핵심 가치인 셈이다.[36]

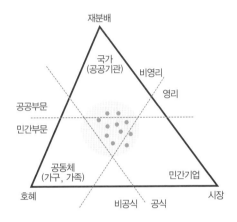

〈사회적 기업의 개념적 위치〉

* Defourny&Nyssens(2012); Pestoff(1998&2005)[37]
* 다양한 행위자, 행위의 논리, 자원의 결합(체)로서의 사회적 기업

협동조합, 마을기업, 그리고 사회적 기업

사회적 기업 외에도 사회적 가치 창출을 목적으로 하는 다양한 형태의 조직들이 존재한다. 협동조합과 마을기업이 그것이다.

협동조합이란 일반적으로 공동으로 소유하고 민주적으로 운영되는 사업체로서, 구성원 공동의 경제적·사회적·문화적 필요를 충족시키고자 자발적으로 결성된 자율적 연합체를 의미한다.[38] 국제협동조합연맹은 협동조합에 대한 여섯 가지 가치와 일곱 가지 원칙을 제시하고 있다. 협동조합의 6대 가치란 자조Self-help, 민주주의Democracy, 평등Equality과 형평Equity, 그리고 자기책임Self-responsibility과 연대Solidarity를 의미하며, 7대 원칙은 자발적이고 개방적인 조합원 제도, 조합원에 의한 민주적 관리, 조합원의 경제적 참여, 자율과 독립, 교육·훈련 및 정보의 제공, 협동조합 간의 협동, 그리고 지역사회에 대한 기여를 뜻한다.

협동조합은 본래 1800년대 유럽의 산업혁명 이후 사회적 문제를 해결하려는 노력에서 출발한 개념이라고 볼 수 있다. 유럽의 사회적 경제 조직 중 하나인 협동조합은 1970년대 세계 경제위기를 해결하고자 유럽 협동조합 위원회가 출범한 이후 2000년대에 이르러 사회적 경제와 함께 계속 화두가 되고 있다. 본래 협동조합은 조합원의 권익 및 복리증진만을 목적으로 하였으나 이제는 한 발 더 나아가 지역사회의 지속가능발전을 위한 활동으로까지 그 목적이 확대되고 있다.

이렇게 조합원의 이해관계에 초점을 두었던 종래의 협동조합의 기능과 목적이 좀 더 다양한 이해관계자의 이해관계까지 확대되어 나타난 조직 형태가 사회적 협동조합이다. 사회적 협동조합은 지역사회의 권익과 복리를 증진하고, 취약 계층에게 사회서비스 및 일자리를 제공하는 사회적 목적을 추구한다는 점에서 기존의 협동조합보다 공익성이 더욱 강조된 형태로 볼 수 있다. 우리나라의 사회적 협동조합은 공익사업을 40퍼센트 이상 수행하는 비영리법인으로 잉여금의 30퍼센트 이상을 법정 적립금으로 유보해야 하며, 법적으로 배당이 금지된다는 점이 특징이다. 일반 협동조합은 영리법인으로서 관할 시·도지사에게 설립 신고만 하면 되는 반면, 사회적 협동조합은 비영리법인으로 기획재정부장관에게 설립 인가를 받아야 한다는 점에서 사회적 협동조합이 일반 협동조합에 비해 훨씬 더 엄격한 설립 요건을 적용받는다.

〈일반 협동조합과 사회적 협동조합의 비교〉

구 분	일반 협동조합	사회적 협동조합
법인격	(영리)법인	비영리법인
설립 방식	신고 형태	인가 형태
담당 기관 (장)	사무소 소재지의 관할 시·도지사	기획재정부장관
사업 분야	제한 없음. 단, 금융 및 보험업 제한	관련법 제 93조 각 호의 사업 중 하나 이상을 주 사업으로 하여야 함
사업 이용	비조합원의 사업 이용 제한. 단, 조합원이 이용하는 데 지장이 없는 범위에서 대통령령으로 정하는 바에 따라 비조합원의 사업 이용 허용	대통령령으로 정하는 사업을 제외하고는 비조합원의 사업 이용 가능
배당	조합원에게 잉여금 배당 허용	조합원에게 잉여금 배당 불허
법정 적립금	출자금 납입총액의 3배가 될 때까지 잉여금의 10% 이상 적립	출자금 납입총액의 3배가 될 때까지 잉여금의 30% 이상 적립

* 협동조합 기본법에 근거하여 작성됨
* 단, 협동조합기본법 제45조 각 호의 사업은 포함되어야 함

한편 마을기업은 '마을 주민이 주도적으로 지역의 각종 자원을 활

용한 수익 사업을 통해 지역 공동체를 활성화하고 지역 주민에게 소득 및 일자리를 제공하여 지역 발전에 기여하는 마을 단위의 기업'을 의미한다.[39] 일자리 창출, 지역사회 공헌과 같이 공공가치를 창출할 목적으로 사업을 수행한다는 면에서 협동조합과 유사한 특성을 지니나, 개인의 수익 창출이 아닌 지역사회 및 지역 발전에 초점을 둔다는 점과 지역 단위의 소규모 공동체라는 지리적 공간에 한정된다는 점에서 협동조합과 일부 차이점을 갖는다.

마을기업은 영국의 커뮤니티 비즈니스Community Business에서부터 시작되었다. 커뮤니티 비즈니스란 지역 주민이 주체가 되어 지역 내 유휴자원의 활용을 통해 지역이 직면한 다양한 문제를 지속적으로 해결해나가는 비즈니스 조직체 또는 사업을 의미한다.[40] 영국의 커뮤니티 비즈니스 모델은 영국 정부의 지원으로 설립된 커뮤니티 협동조합 Community Cooperative 또는 스코틀랜드의 지역 주민을 주축으로 설립된 유한회사인 CBSCommunity Business Scotland에서 그 기원을 찾을 수 있으며 이러한 커뮤니티 협동조합은 이후 사회적 기업의 형태로 진화되어 발전해왔다.[41]

1990년대 일본에서는 커뮤니티 협동조합을 벤치마킹하고 이를 마을 만들기 및 지역 활성화 전략으로 활용하였다. 우리나라 또한 일본의 영향을 받아 지난 2005년부터 지역 활성화 정책이 간헐적으로 추진되어 왔으며, 2009년부터 행정안전부에서 시행한 희망근로사업이 지역 맞춤형 사업과 지역 공동체 활성화를 위한 사업으로 발전하는 과정에서 마을기업 정책이 시작되었다고 볼 수 있다.[42] 우리나라에서의 마을기업은 크게 지역자원 활용형 마을기업(지역 특산품·자연자원 활용 사업, 전통시장 활성화 사업, 공공 부문 위탁사업), 친환경 녹색에너지 마을기업(쓰레기·폐기물 처리 및 자원재활용 사업, 자연생태관광·자전거활용 등 녹색에너지 실천사업), 생활지원 복지형 마을기업(저소득 취약 계층 지원사업, 다문화가족 지원사업)의 세 가지 유형으로 구분된다.

현재 우리나라에서는 협동조합, 마을기업, 사회적 기업이 크게 확대되는 추세다. 2012년 12월 관련법이 시행된 이후 8개에 불과하던 협동조합의 수는 2014년 11월을 기준으로 전체 5,601개에 이르는 등 급격하게 증가하였다. 그중 일반 협동조합은 5,391개, 사회적 협동조합 185개, 일반 협동조합연합회 24개, 사회적 협동조합연합회가 1개로 나타나고 있다.[43] 우리나라 주요 생활협동조합의 조합원 및 매출액의 변화를 살펴보면, 아이쿱의 조합원 수는 2010년 85,000여 명에서 2013년 18만 명, 매출액은 2,633억 원에서 4,000억 원으로 크게 증가하였고, 한살림의 경우에도 조합원은 2010년 24만 명에서 2013년 42만 여명으로, 매출액은 1,662억 원에서 3,050억 원으로 증가한 것을 확인할 수 있다.[44]

마을기업은 행정자치부의 담당하에 체계적으로 육성된 결과 그 수가 2011년 550개에서 2013년 1,162개로, 고용인원은 3,154명(마을기업 당 평균 5.7명)에서 8,000명(마을기업 당 평균 6.8명)으로, 총 매출액은 197억 원에서 600억 원대로 크게 증가한 것으로 나타났다. 사회적 기업 또한 2007년 「사회적기업육성법」의 시행으로 급격한 증가 추세를 보이며 2010년 501개에서 2014년 11월 기준 1,165개로, 매출액은 2010년 3,764억 7,047만 원에서 2012년 6,619억 8,489만 원으로, 고용 인원은 2010년 1만 3,443명에서 2013년 2만 2,533명으로 확대되었다. 특히 취약 계층에 대한 고용은 8,227명에서 1만 3,661명으로 증가한 것으로 나타났다.[45]

   2014년 말 현재 국회에서는 「사회적경제기본법」의 입법 활동이 활발히 전개되고 있다. 사회적경제기본법은 연초부터 여당과 야당에서 각각 기본안을 발의하면서 본격화 되었으며 현재 국회 통과를 위한 절차가 진행 중에 있다. 두 법안은 사회적 기업, 협동조합, 마을기업 등 사회적 가치 창출을 목적으로 하는 다양한 형태의 조직들을 사회적 경제 조직이라는 하나의 영역으로 묶어 체계적으로 발전시키기 위한 정부의 육성 및 지원을 골자로 한다. 이윤 추구보다는 사회적 가치 창출이라는 목적에 초점을 두고 통합지원 체계 및 통합생태계를 구축한다는 점에서는 그 맥을 같이 하고 있지만 담당 기구 및 발전기금의 설치와 운영 등 법안별 세부 내용에 있어 다소 차이가 존재한다. 이러한 사회적경제기본법의 제정은 향후 지속가능한 사회적 경제 실현을 위한 사회적 경제 조직 지원에 있어 중요한 역할을 할 것으로 기대된다.

   우리나라에서는 정부의 적극적인 개입을 통해 사회적 기업 및 관련 조직들이 출현하고 발전해왔다는 점에서 다른 나라와는 다른 독자적인 성장 과정을 보여준다. 또한 이러한 사회적 경제 조직의 성장 가능성과 관련법의 입법 활동은 우리나라의 사회적 경제 조직에 밝은 전망을 던져주고 있다.

사회적 경제 조직: 비교와 한계

앞서 살펴본 협동조합, 마을기업, 사회적 기업은 대표적인 사회적 경제 조직이다. 사회적 경제 조직이란 지역 공동체의 경제적·사회적 발전을 구현하고자 조직된 협동 기반의 자발적 결사체를 지칭하며, 전 세계적으로 각국의 정치·경제·사회·문화적 특성에 따라 다양한 형태와 발전 과정을 보이며 급속도로 성장하고 있다.[46] 우리나라의 사회적 경제 조직 또한 전국적으로 약 6,500여 개 이상이 존재하며 그중 사회적 기업을 통한 일자리는 약 18,000여 개 이상이 창출되고 있는 것으로 나타난다.[47]

그렇다면 이들 세 가지 유형의 사회적 경제 조직 간 차이점은 무엇일까? 물론 협동조합, 마을기업, 사회적 기업은 사회적 가치를 창출한다는 점에서 공통점을 갖는다. 그러나 개별 조직의 등장 배경이 다르듯이 설립 목적 및 방식, 지원 내용 등에 있어 차이가 존재한다.

먼저 설립 방식의 차이이다. 협동조합의 경우 일반 협동조합은 관할 지자체에 설립 신고만으로도 운영과 지원을 받는 것이 가능한 반면 사회적 협동조합, 마을기업, 사회적 기업은 정부로부터 일정한 절차를 통해 인가, 승인, 인증을 거친 이후 다양한 정책적 지원을 받을 수 있다.

둘째, 담당 기관의 차이이다. 일반 협동조합은 사무소 소재지의 관할 지자체가 담당을 하는 반면 사회적 협동조합은 기획재정부, 마을기업은 관할 지자체와 행정자치부, 사회적 기업은 고용노동부에서 각각 담당하고 있다.

〈사회적 경제 조직의 비교〉

구분	협동조합	마을기업	사회적 기업
설립 목적	조합원 권익 향상, 지역사회 공헌	지역사회 발전, 지역 주민 일자리 창출	취약 계층에 대한 일자리 창출 및 사회서비스 확충
법인격	법인(일반협동조합)/비영리 법인(사회적협동조합)	민법상 법인, 상법상 회사 등 법인체	민법상 법인·조합, 상법상회사·합자조합, 비영리민간단체
설립 방식	신고(일반 협동조합)/인가 (사회적 협동조합)	승인	인증
담당 기관 (장)	사무소 소재지 관할 시·도지사 (일반 협동조합)/기획재정부장관(사회적 협동조합)	개별 지자체 및 행정자치부	고용노동부장관
지원 내용	협동조합 교육, 현장 지원, 인가 지원, 상시 상담 및 행정 지원, 신규 모델 발굴 및 전파, 홍보 등 기타 사업비 지원: 광역자치단체별 6300만 원 내외	시설비, 경영컨설팅 등 사업비 2년간 최대 8000만 원 지원	네트워크 구축 및 자원 연계, 인증 지원, 상시상담 및 현장 지원, 행정 지원, 신규 모델 발굴 및 전파, 홍보 및 기타 업무 등 지원: 광역자치 단체별 1800만 원 이내(단, 서울 및 경기권역은 3600만 원 이내)
기타	공동의 목적을 가진 5인 이상 모여 조직한 사업체로서 실적에 따른 배당 가능	지역 주민 5인 이상이 출자, 지역 주민의 비율이 70% 이상	개인사업자 불가, 1인 이상의 유급근로자 고용
관련법	협동조합 기본법	지방자치단체별 조례	사회적기업육성법

* 협동조합 기본법, 사회적기업육성법, 지자체별 마을기업 지원센터, 2014년도 사회적기업·협동조합 권역별 통합지원사업 및 2014 마을기업 사업비 지원 관련 계획 참고

마지막으로 지리적 제약의 차이를 들 수 있다. 마을기업은 지역 구성원의 자발적 참여를 통해 지역사회의 발전을 도모하는 조직이다. 때문에 마을기업을 설립하려면 다섯 명 이상의 해당 지역 주민이 출자를 해야 하고 기업 구성원의 70퍼센트 이상이 해당 지역 주민이어야 하는 조건을 지니고 있다. 그러나 협동조합과 사회적 기업은 지리적 제약이 존재하지 않는다. 따라서 이들 조직에 의해 창출되는 사회적 가치는 사업장이 있는 해당 지역사회뿐만 아니라 우리나라 전체, 그리고 더 나아가서는 국제사회에까지 광범위하게 적용될 수 있다.

　그러나 이러한 구조적 차이에도 불구하고 우리나라의 사회적 경제 조직은 대부분 정부의 적극적인 지원에 의해 양적으로만 확대되어 그 지속가능성에 있어서는 상당한 질적 한계를 나타내고 있다. 즉 조직 형태의 차이는 존재하나 실질적 활동의 차이는 존재하지 않는 경우가 많다. 예를 들어 사회적 협동조합의 경우 기존의 협동조합에 비해 공익성이 크게 강조된 형태임에도 불구하고 사실상 조합원들의 활동만으로 운영되고 있는 실정이다.

　이에 더해, 우리나라의 사회적 경제 조직은 각기 다른 소관 부처와 제 각각의 정책 방향에 의해 육성 및 발전되어왔다는 점에서 비판의 목소리 또한 크다. 사회적 가치 창출이라는 공통의 목표를 가지고 있음에도 관련 정책이 통합적으로 추진되지 못하고 산발적으로 진행되고 있어 중복 지원 등 비효율성의 문제가 발생하기 때문이다. 이러한 문제를 해소하고자 입법화가 진행 중인 「사회적경제기본법」에는 관련 정책을 통합하고 컨트롤타워를 구축함으로써 부처 간 중복 사업을 최소화하여 효율성을 높이는 한편, 정부와 사회적 경제 조직, 그리고 사회적 경제 조직 간 협력을 강화하고자 하는 내용이 포함되어 있다.

우리나라 대다수의 협동조합과 사회적 기업은 국내에 한정된 사회적 가치 창출에만 집중하고 있다는 점에서도 한계가 있다. 최근 들어 사회적기업월드포럼Social Enterprise World Forum, SEWF, 사회적 기업 지원 국제 단체, 국제개발과 사회적 기업 등과 같은 단어가 빈번하게 등장하고 있다. 사회적 경제 조직은 단순히 지역 내 사회적 가치 창출에 국한되는 것이 아니라 국제사회라는 거시적 차원의 구조 속에서 고려할 필요가 있다. 지역사회에서부터 국제사회에 이르기까지 전 인류 보편적인 가치와 폭 넓은 의미의 사회 발전을 도모하기 위한 다양한 이해관계자들의 적극적인 활동과 다각적인 전략이 요구된다.

사회적 혁신

그렇다면 우리나라 사회적 경제 조직의 질적 성장에는 무엇이 필요할까? 우리는 그에 대한 해답으로 사회적 혁신Social Innovation을 제안하고자 한다.

혁신이란 본래 '새로운 아이디어를 바탕으로 가치를 만들어 기존 시스템을 변화시키는 것'을 의미하는데, 사회적 혁신이란 사회적 필요Social Need를 충족시키는 것에 목적을 둔 혁신적 활동으로 이윤 극대화를 목적으로 하는 기업 혁신과 대비되는 개념이다.[48] 즉 사회적 혁신이란 넓은 의미에서 '기존의 아이디어와 차별화되는 새로운 방식으로 다양한 사회 영역에서 나타나는 문제를 해결하거나 사회적 목적·요구를 달성함으로써 사회적 가치를 창출하고 변화를 이끄는 일련의 활동'으로 정의할 수 있다.[49]

종래의 비즈니스 혁신 활동이 새로운 아이디어를 바탕으로 새로운 제품이나 공정, 비즈니스 모델을 개발해서 수익을 창출하는 경제적 활동이라고 한다면, 사회적 혁신은 새로운 제품이나 공정, 서비스, 비즈니스 모델을 개발해서 사회문제를 해결하는 활동이라고 볼 수 있다.[50] 그렇기에 일반적인 비즈니스 혁신 활동은 기업과 산업의 경쟁력 강화와 국가의 경제 성장을 이끄는 반면 사회적 혁신은 사회서비스 영역에서 사회적 가치를 이끌어내고 삶의 질을 향상시킴으로써 사회의 지속가능성을 강화시키는 데 그 의의가 있다. 특히 이러한 사회적 혁신은 기존에 존재하지 않는 새로운 아이디어를 고안함으로써 달성되기도 하지만, 종종 기존의 아이디어를 새로운 시각으로 바라보고 접근하는 것만으로도 충분히 가능하다는 점에서 종래의 기술혁신과는 차이가 있다.

그렇다면 새로운 사회 패러다임과 다양한 사회적 경제 조직의 운영에 있어 사회적 혁신은 어떤 의미를 지니는가?

사회적 경제 조직, 특히 사회적 기업은 그 유래 자체가 경제적·사회적 조건의 변화 속에서 종래 조직들의 한계를 넘고자 혁신적 요소를 강조하면서 등장한 개념이기 때문에 사회적 혁신과 깊은 관련성을 지니고 있다. 사회적 기업의 설립 목적이 지향하는 바처럼 경제적 이익을 추구하면서도 사회적 가치를 창출하려면 기존의 기업 경영과는 다른 차별화된 운영 원리를 필요로 한다. 즉 장애인이나 취약 계층의 고용 등으로 인해 나타나는 생산성의 저하를 감수하면서도 사회문제를 해결하여 사회적 가치를 창출하는 사업을 추진하려면 일반 기업과는 다른 차별화된 역량을 확보해야 하는데, 이러한 활동 자체가 바로 사회적 혁신이다.[51] 특히 사회적 기업을 포함한 사회적 경제는 이제 새로운 실험과 도전에 기반한 '사회적 기업가 정신Social Entrepreneurship'의 추동력에 의해 점차 확장되는 추세라는 점에서 사회혁신은 매우 주요한 요소이다.[52] 이러한 의미에서 볼 때, 사회적 혁신이 부재한 상태에서 단순히 기존의 방식으로 사회문제 해결에 접근하는 것은 가능하지도 않을뿐더러 바람직하지도 않다. 즉 사회 변화를 통해 새로운 가치를 창출할 수 있도록 새롭고 혁신적인 전략이 필요한 것이다.[53]

사회적 경제 조직이 궁극적으로 지향하는 사회문제 해결 과정은 매우 복잡·다양한 요인들을 내포하고 있다. 문제는 일방적인 정부 정책 노력만으로는 이를 해결하기 어렵다는 데 있다. 정책이란 일반적으로 그 형성이나 설계, 집행과정에서 상당한 정치적 부담이 따르며, 잘못 추진될 경우 막대한 재정 낭비를 초래하게 된다. 즉 정책이란 그에 따르는 위험이나 불확실성이 매우 크며, 실패에 뒤따르는 부정적 파급효과 또한 가늠하기 어렵다. 기술 혁신 또한 마찬가지다. 수많은 동종 기업들을 제치고 경쟁 우위에 서려면 생산이나 비즈니스 활동에서의 빠른 기술 혁신이 요구된다. 그러나 실패가 발생할 경우 상당한 경제적 손실을 입게 되며, 이는 곧 기업의 생존을 위협하게 된다.

반면 사회적 기업은 혁신의 비용이 정부 정책이나 기술 혁신에 비해 상대적으로 낮다는 특징을 지닌다. 사회적 경제 조직이 추구하는 활동은 막대한 자본력을 투입하여 이루어지기보다는 대개 기존의 생각을 바꾸는 작은 아이디어와 사회적 혁신가Social Entrepreneur들의 노력을 바탕으로 성공에 이르는 경우가 많기 때문이다. 특히 적은 투입 비용으로도 사회적 문제의 해결과 이윤이라는 두 마리 토끼를 잡을 수 있다는 점에서 비용 대비 편익이 높고, 기술혁신에 비해 혁신의 효과 또한 오래 지속될 가능성이 높다. 실패를 통한 경험과 학습의 여지가 크고, 기업 운영에 있어 정부의 제도적 지원이라는 완충장치Buffer가 존재한다는 면에서 실패의 기회비용 또한 상대적으로 작다. 이렇듯 사회적 경제 조직의 경우 낮은 비용으로도 다양한 시도와 실험이 가능하다는 점에서 기존의 시장 조직들보다 훨씬 역동적이고 활발하게 사회적 혁신이 일어날 수 있는 환경에 속해 있다고 볼 수 있다.

그럼에도 많은 사회적 경제 조직들의 혁신 추구 경향은 그다지 활발하지 못하다. 왜 이렇듯 사회적 경제 조직에서 사회적 혁신이 나타나지 못한 것일까? 이는 정부 주도의 일방향적 지원 방식의 특성으로 인해 발생한 측면이 크다. 그동안 우리나라 정부의 사회적 경제 조직 지원은 대부분 단순한 보조금 지원에 치우쳐 왔으며, 혁신 활동에 대한 이렇다 할 유인을 제공해주지 못한 것이 사실이다. 특히 현재 우리나라의 사회적 기업이 비약적으로 성장하고 관련한 논의가 폭발적으로 증가하는 현실에도, 외국과 달리 사회적 기업의 성공 사례를 찾아보기 힘들다는 점은 사회적 혁신의 부재를 단적으로 보여준다. 많은 사회적 기업 또한 정부에 대한 높은 의존도를 보이고 있는데, 높아진 의존도는 사회적 경제 조직의 자생력을 떨어뜨릴 가능성이 높고 이는 다시 정부의 보조금 지원으로 이어지는 악순환을 낳는다. 많은 사회적 기업이나 마을기업이 정부의 지원 없이는 자생이 불가능하다는 점은 이러한 사회 혁신의 노력이 결여되어 있기 때문이다.

따라서 사회적 가치의 창출과 함께 다양한 사회문제를 해결하려면 사회적 혁신이 바탕이 되는 지속가능한 선순환 구조에 대한 이해와 모색이 필요하다. 결국 보편적 의미에서의 사회적 목적 달성과 가치의 창출이 혁신에 의해 추동되고 또 다시 이러한 사회적 가치의 창출이 또 다른 혁신을 이끄는 고리, 즉 '사회적 혁신 생태계'를 고민해야 할 시점인 것이다.

사회적 혁신 생태계의
네 가지 차원

앞서 배타적인 것으로 간주되어왔던 사회적 가치 및 경제적 가치의 조화를 중시하게 된 사고 체계, 그리고 그것을 뒷받침하는 사회적 경제 조직이 어떻게 역사적으로 발전되어 왔는지를 살펴보았다. 사회적 기업, 협동조합과 같은 사회적 경제 조직은 소득 양극화 및 높은 실업률, 정부의 재정난 등의 시장과 정부의 실패를 극복하고 포용적인 자본주의를 만드는 유력한 대안으로 주목받고 있다. 우리나라는 서구와는 달리 사회적 경제의 조성을 위한 역사적 토양이 풍부하지 않다. 사회적 경제를 둘러싼 우리나라의 여건은 벌거숭이가 된 민둥산을 복원하고자 대대적인 조림사업을 펼쳤던 1960~1970년대의 상황과 유사하다. 때문에 정부의 역할은 불가

피하고 필수적이다. 정부가 주도하는 사회적 경제 지원 정책은 2007년 「사회적기업육성법」과 2012년 「협동조합기본법」이 제정되면서 본격화되었다. 2014년부터는 극심한 여야의 대치와 정국의 혼란 속에서도 「사회적경제기본법」 제정을 위한 논의가 여야를 막론하고 한창 진행 중이고, 이 법이 제정되면 사회적 경제 조성을 위한 정부의 적극적인 정책들을 기대할 수 있을 것이다.

사회적 경제를 조성하려는 다양한 전략과 방안들이 사회 각계에서 논의되기 시작하면서 좀 더 중장기적인 시각에서 사회적 경제의 지속가능성에 초점을 둔 담론 역시 활발해지고 있다. 산에 심을 묘목을 대량으로 만들어 심기 시작한 것이 지금의 단계라면, 이제 본격적으로 나무를 고루 잘 키워 울창한 산림 생태계를 만들어내는 고민이 필요하다. 풍성한 산림 생태계에서 임산물을 수확하는 것은 물론이고 가뭄과 홍수를 피하고 환경을 정화해주는 혜택을 얻는다. 마찬가지로 사회적 경제를 통해 우리가 기대하는 바는 양질의 일자리와 사회적 문제의 해결을 동시에 달성하는 것이다. 이를 위해서 사회적 경제가 혁신 생태계의 모습을 갖추어 가야 한다고 우리는 믿는다.

사회과학에서 생태계란 개별 기업뿐 아니라 기업들을 둘러싼 활동조건 혹은 서식 조건을 포괄하는 개념이다. 성숙도가 높은 생태계에서는 기업 창업이 활발하고, 역량을 갖춘 기업의 성장 경로가 존재하며, 수익 모델을 상실한 한계 기업이 퇴출된다.[54] 생태계의 지속적인 성장에 기여하는 기술혁신이 활발하게 일어나는 한편, 위기로부터 최소한의 비용으로 빠르게 복원되는 자생력을 갖춘 것이 성숙한 생태계이다.[55] 이러한 산업 생태계의 일반적 개념은 사회적 경제 생태계에도 동일하게 적용할 수 있다. 개별 기업에 대한 초점보다 생태계적 관점을 통한 접근은 사회적 경제를 발전시키는 데 유용한 통찰을 제공한다.

우리가 제안하는 사회적 혁신 생태계에서는 경제적인 목적과 더불어 사회적 목적을 동시에 추구한다. 민간 기업들이 R&D 활동 등을 통해 기술 혁신을 추구하고 시장을 개척해 나가듯이 사회적 경제 조직은 사회문제 해결에 기여할 때 그 존재를 인정받고 기업 가치를 높일 수 있다. 우리는 사회적 기업과 같은 사회적 경제 조직이 주도해 빈곤, 질병, 환경, 인권, 지역사회 문제 등 각종 사회적 문제에 대한 해결책을 제공함으로써 사회의 변화를 촉진하기를 기대한다. 양질의 일자리가 지속적으로 만들어지는 것은 물론 사회문제 해결을 위한 창의적 아이디어를 가진 이들이 활발하게 창업하고 적절한 수준의 경제적 보상을 얻을 수 있기를 기대한다. 이는 개별 기업의 혁신 역량 강화뿐만 아니라 생태계의 다양한 행위 주체들 간의 상생과 협력을 촉진하기 위한 사회적 가치사슬Social Value Chain이 형성될 때 가능하다.

우리는 사회적 경제의 미래가 사회적 혁신 생태계에 달려 있다고 생각한다. 사회적 혁신 생태계는 다음과 같은 네 가지 차원의 요소로 구성된다.[56]

1. 혁신 역량: 사회적 경제 조직의 본원적 가치인 사회적 혁신의 창출에 기여하는 기업 차원 및 생태계 차원의 역량이다.
2. 상호작용: 생태계 행위자들 간에 이루어지는 네트워킹 특성에 관한 것으로 혁신 및 협력에 영향을 주는 변수이다.
3. 거버넌스: 주요 이해관계자들이 효과적인 조정 기능을 갖춤으로써 조율과 협력을 촉진하기 위한 의사결정 기구이다.
4. 제도: 보상 체계와 관련된 규제 및 정책(경성제도)과 인지 체계를 의미하는 사회문화적 가치 및 규범(연성제도)을 포괄한다.

이는 사회적 경제 조직들이 혁신 생태계로 진화하는 데 필수적인 요소들이다. 다음 장에서는 우리나라의 사회적 기업을 중심으로 이 네 가지 차원을 진단하고, 사회적 혁신 생태계를 조성하기 위한 전략을 제시한다.

2장

사회적 혁신, 그늘진 현주소를 돌아보다

SOCIAL
INNOVATION
ECOSYSTEM
3.0

지속적 성장?
혁신 없는 저성장의 함정

사회적 혁신 생태계의 근본 원리는 이른바 '더
블 보텀 라인Double Bottom Line'으로 표현될 수 있다. 더블 보텀 라인이란
사회에 대한 긍정적인 영향을 달성하면서도 영리 활동을 통해 수익
을 만든다는, 바로 사회적 가치와 경제적 가치의 동시 창출을 의미한
다. 하지만 두 가지 측면에서의 성과를 평가하기는 쉽지 않은 일이다.
그 바탕에는 개념적인 어려움뿐 아니라 현실적인 이유가 있다. 먼저
개념적으로 볼 때, 사회적 경제 조직의 경제적 성과가 어느 정도 되어
야 성공적이라고 판단할 수 있는지에 대해 통일된 합의가 없다. 사회
적 경제 조직이 경제적 이익을 추구하는 것은 사실이지만 일반 민간

기업에서처럼 수익 극대화가 최우선 가치는 아니기 때문이다.

사회적 성과를 판단하는 것은 더 어렵다. 무엇을 그리고 어디까지를 사회적 가치 창출로 볼 것인가에 대한 명확한 정의가 없을 뿐 아니라 사회에 대한 긍정적 영향을 평가할 수 있는 측정 지표 또한 정립되지 못했기 때문이다. 이는 사회적 가치가 경제적 가치와는 달리 그 성격상 성과에 대한 계량화가 어렵다는 데 일부 기인한다.

우리나라에서 사회적 기업에 대한 정부의 정책 지원이 본격화된 지는 겨우 5년여에 불과하다는 점도 평가를 어렵게 하는 현실적 요인이다. 따라서 사회적 경제 조직, 더 나아가 사회적 혁신 생태계의 성과를 평가하는 것이 아직은 시기상조라는 일각의 평가는 분명 일리가 있다. 그러나 우리는 사회적 혁신 생태계가 태동기에 있다는 점을 감안하더라도 지금이야말로 냉정한 평가가 필요한 시점이라고 생각한다.

본 장에서는 현재의 사회적 혁신 생태계에 대한 객관적인 진단을 위해 사회적기업진흥원에서 발간한 「사회적기업 성과분석 보고서」를 활용해 사회적 기업의 성과를 살펴본다. 이 자료는 성과에 대한 측정 지표의 한계에도 불구하고 우리나라의 모든 인증 사회적 기업에 관해 조사한 유일한 자료라는 점에서 그 유용성이 크다.[57]

저조한 경제적 성과
대표적인 사회적 경제 조직인 사회적 기업은 과연 어떠한 성과를 달성하고 있는가. 결론부터 말하면 전반적으로 사회적 기업의 사회적·경제적 성과는 다소 실망스러운 수준이다. 정부 주도하에 사회적 기업은 양적으로 급격하게 늘어났지만 매출액이나 영업이익은 상당히 저조하며, 사회적 기업의 불안한 재무 구조는 정부지원금으로 위태롭게 유지되고 있는 것이 현실이다. 「사회적기업육성법」에서 정의되고 있는 사회적 성과는 '취약 계층 고용', '사회서비스 제공' 및 '사회적 목적 재투자'로 규정된다. 이러한 법률상의 개념은 사실 '사회서비스 제공'을 제외하면 경제적 성격이 짙다. 따라서 구조적으로 경제적 성과가 탁월하지 않은 이상 사회적 성과는 높게 나타나기 어렵다. 현재 다수의 사회적 기업의 수익 창출이 저조하기 때문에 법률상의 사회적 성과 또한 낮은 수준이다.

사회적 기업의 성장성을 매출액과 영업이익, 당기순이익 지표를 통해 구체적으로 살펴보자. 2010년부터 2012년까지 사회적 기업의 연매출액 평균은 2010년 768,307,000원, 2011년 828,523,000원, 2012년 885,007,000원으로 나타나 평균 매출액 규모가 10억 미만인 영세한 재무 구조를 보이고 있다. 매출액 증가율은 2011년은 전년 대비 7.8퍼센트로 증가하다가 2012년은 6.8퍼센트로 수준으로 하락세를 보이는데, 이는 일시적인 현상인지 혹은 추세로 자리 잡은 것인지 판단하기는 어렵지만 상당히 우려스러운 대목이다.

영업이익을 기준으로 사회적 기업의 성과를 살펴보면 상황은 더 악화된다. 영업이익은 사회적 기업이 정부로부터 받는 정부지원금(평균 1억 6000만 원)을 제외한 것으로, 사회적 기업의 재무적 성과를 판단하는 가장 엄격한 기준에 해당한다. 영업이익 측면에서 판단할 때, 2012년 기준 744개 사회적 기업 가운데 약 88.3퍼센트인 620개 기업이 적자를 기록하고 있다. 열 개 중 한 개 정도의 사회적 기업만이 경제적 이익을 만들어내며 영업 활동을 정상적인 궤도에 올렸다는 의미다. 반면에 절대 다수의 기업은 가시적인 재무적 성과를 내지 못하는 상황이다.

그렇다면 정부지원금을 포함했을 때 사회적 기업의 재정적 성과는 어떨까. 즉 사회적 기업의 정부지원금에 대한 의존도는 어떤가. 당기순이익 지표를 통해 한번 살펴보자. 정부지원금을 포함하여 계산된 당기순이익을 보면, 2012년을 기준으로 66퍼센트의 사회적 기업이 흑자를 보고 있다. 영업이익을 기준으로 흑자 기업은 약 12퍼센트였지만, 정부지원금 덕분에 흑자 기업이 약 54퍼센트 포인트나 증가한 셈이다.

종합해볼 때, 정부지원금이 없이 과연 사회적 기업이 경제적으로 자립할 수 있는지에 대해 심각한 의문을 제기할 수밖에 없다. 정부지원금이 제공되더라도 전체의 3분의 1에 달하는 사회적 기업은 손실을 보전하지 못하고 있고, 사실상 정부지원금에 의해 연명하고 있는 것이다. 당연한 이야기겠지만 정부보조금 지원 기간이 종료되면 당기순이익은 감소한다. 실제로 2007년 인증을 받은 사회적 기업들의 2012년 당기순이익은 감소하는 것을 확인할 수 있다.

제한적인 취약 계층 고용 효과

앞서 언급한 바와 같이 사회적 성과 개념에 대한 일반적인 합의는 없지만, 「사회적기업육성법」에 의거해볼 때 사회적 성과는 크게 '취약 계층 고용', '사회서비스 제공' 및 '사회적 목적 재투자'로 구분해서 살펴볼 수 있다. 이 중 사회서비스 제공에 관한 자료는 지표 자체가 매우 불완전해 자료 해석에 어려움이 있으므로 제시하지 않기로 한다.

취약 계층 고용 측면에서 사회적 기업의 성과는 어떻게 평가할 수 있을까. 사회적 기업은 사회적 약자를 위한 일자리를 어느 정도 수준에서 제공하고 있을까. 정부지원을 받는 사회적 기업의 다수는 취약 계층 고용이 의무화되어 있으므로, 취약 계층 고용은 이들에게 매우 중요한 정책적 목표이다. 「사회적기업육성법」에 따르면 '일자리제공형'의 경우 인력의 50퍼센트를, '혼합형'은 30퍼센트에 달하는 인원을 취약 계층에서 의무적으로 고용해야 한다. 반면 '사회서비스 제공형'과 '지역사회공헌형', '기타형'의 경우는 취약 계층 고용이 의무화되어 있지 않다.

사회적 기업의 취약 계층 고용효과는 고용인력의 구성 측면에서 실효성이 있다고 평가할 수 있다. 2012년 말 기준 사회적 기업의 취약 계층 유급근로자는 정규직, 기간제 근로자, 시간제 근로자 등을 포함해 11,091명이며, 사회적 기업 전체 근로자 18,297명 가운데 61퍼센트를 차지하고 있다. 그러나 사회적 기업이 확대되는 추세에도 불구하고, 사회적 기업의 취약 계층 근로자는 평균적으로 감소하는 추세를 보인다. 사회적 기업의 취약 계층 근로자 평균 고용 규모는 2010년의 약 17명에서 2012년 약 15명으로 감소했다. 이는 취약 계층에 대한 의무적 고용을 요구받는 '일자리 제공형' 외의 다른 유형의 사회적 기업이 상대적으로 많아졌기 때문이기도 하지만, 해당 기업들이 추가적으로 일자리를 창출하지 못한 것에서도 기인한다. 사회적 기업의 재무적 성과가 확보되지 않은 상황에서 기존 사업의 확대 혹은 신사업 확장은 어려울 수 있기 때문이다. 달리 말해 사회적 기업의 경쟁력이 없다면 사회적 기업 육성을 통한 취약 계층 일자리 정책의 효과는 일시적일 수 있다는 뜻이다.

이러한 점을 극명하게 보여주는 것이 사회적 기업의 인증 연도와 취약 계층 고용 규모의 관계다. 「사회적기업육성법」의 지원 제도 안으로 최초로 진입한 기업들, 즉 2007년에 인증을 받은 사회적 기업들은 육성법 설립 이전에 성장 기반을 어느 정도 갖추고 있었을 가능성이 높다. 따라서 육성법 이후 설립된 기업들에 비해 비교적 경쟁력이 높다고 평가할 수 있다. 2007년 인증 사회적 기업들의 평균 취약 계층 고용 규모는 2010년 23.4명에서 2012년 29.3명으로 증가했다. 반면 2008년 인증 사회적 기업들의 경우, 평균 취약 계층 고용 규모는 2010년 20.2명에서 2012년 15.3명으로 급격히 감소한 것으로 나타났다.

성장 역량을 갖춘 기업은 3년간의 인건비 지원이 종료되더라도 고무적인 고용 성적표를 보여준다. 이른바 보호고용 정책이 성장촉진제로 작용한 것이다. 그러나 상대적으로 경쟁력이 약한 사회적 기업에서 네 명 중 한 명이 일자리를 잃었다는 사실은 정부의 육성을 통한 사회적 기업의 취약 계층 고용 효과는 단기에 그칠 수도 있음을 드러낸다. 결국 사회적 경제 조직이 지닌 잠재력에도 불구하고 인건비 지원에 초점을 둔 양적 성장 중심의 정부 지원 정책 효과는 제한적일 수밖에 없다.

일자리의 질적 측면은 어떨까. 사회적 기업에서 일하는 취약 계층의 임금 수준은 일자리의 질적 성과를 확인해주는 좋은 지표이다. 2012년 기준 취약 계층 유급 근로자의 월 평균 임금은 2010년 1인당 약 94만 원에서 2011년 약 98만 원, 2012년 약 106만 원으로 지속적으로 상승해 2010년 대비 2012년에 약 11.5퍼센트의 임금 상승률을 보이고 있다. 연간 임금으로 계산하면 사회적 기업에 채용된 취약 계층은 약 1,200만 원의 소득을 얻는다고 볼 수 있다. 유사한 인력 규모를 가진 사업체와 비교해보면 어떨까. 10~29인을 고용하고 있는 우리나라 기업들의 평균 임금 수준이 약 3,000만 원이니 사회적 기업의 근로자들은 평균 대비 약 40퍼센트의 임금만 받고 있는 셈이다. 임금이 상승되는 추세이긴 하나 여전히 사회적 기업은 저임금 직종이다.

한편 사회적 기업에 채용된 일반인과 취약 계층의 임금 수준을 비교해 보면, 취약 계층의 임금 수준은 지속적으로 감소하고 있다. 2010년 일반인 1인 임금 평균 대비 취약 계층 근로자는 약 75.3퍼센트의 임금을 받았던 반면, 2012년에는 65.8퍼센트수준으로 감소했다. 이는 취약 계층 근로자들이 일반인에 비해 상대적으로 직무 역량이 약하고, 노동 생산성의 향상이 더디다는 점이 크게 작용했을 것이다.

사회적 목적 재투자 여력 부족

지금까지 사회적 기업의 사회적 성과와 관련해 취약 계층의 고용효과를 살펴보았다. 사회적 성과와 관련된 또 다른 측면은 사회적 목적을 위한 재투자이다. 「사회적기업육성법」에서는 영업 활동을 통하여 창출된 이익을 사회적 기업의 유지·확대에 재투자하도록 노력하여야 한다고 규정하고 있다. 특히 상법상 회사가 사회적 기업이 되려면 회계 연도별로 배분이 가능한 이윤이 발생할 시 그 3분의 2를 사회적 목적을 위해 의무적으로 사용해야 한다.

사회적 목적 재투자는 '일자리 창출'(추가 인력 고용을 위한 설비 재투자 및 기술 개발 또는 이를 위한 적립금), '사회서비스 제공'(추가 사회서비스 제공을 위한 설비 재투자 및 기술 개발 또는 적립금), '구성원 성과급'(봉급 인상 등 근로 여건 개선을 위한 사용액 또는 이를 위한 적립금), '지역사회 재투자'(기부 등 지역사회에 환원한 금액), 기타 재투자로 구분된다. 엄격하게 보면 '지역사회 재투자'를 제외한 나머지 기준은 사회적 목적이라기보다는 경제적 성격이 강하다. 법적 규정에서 '일자리 창출'이나 '사회서비스 제공' 등과 같은 기업 활동을 사회적 목적으로 간주한 것은 우리나라의 사회적 기업 정책이 고용정책을 최우선적인 정책 목표로 설정한 데 따른 것으로 풀이된다.

앞서 언급한 바와 같이 2012년 기준 사회적 기업의 약 90퍼센트가 영업이익을 만들어내는 데 실패했고, 정부지원금을 받는다 해도 당기순이익 흑자 기업은 66퍼센트에 불과하다. 따라서 영업 활동을 통한 이익을 실제 사회적 목적에 재투자하고 있는 기업도 적을 수밖에 없으며, 2012년 기준으로 전체 사회적 기업의 43퍼센트인 323개소에 그치고 있다. 이들 전체의 사회적 목적의 재투자 총액은 약 287억 원이고, 기업 개소 당 평균 규모는 약 9,000만 원이다. 사회적 목적을 위한 재투자에 쓰여야 하는 이 재원 중에서 60.5퍼센트에 해당하는 약 174억 원이 추가 인력 고용 혹은 추가 사회적 서비스를 위한 설비 재투자 및 기술 개발에 적립되고 있다. 기부 등 지역사회에 환원한 금액은 약 10억 원으로 3.6퍼센트에 불과하다.

〈사회적 기업의 사회적 목적 재투자 현황〉

구분	개소수	규모		
		금액(천 원)	비중	평균(천 원)
일자리 창출	172	13,192,148	46.0	76,699
사회서비스 제공	143	4,166,073	14.5	29,133
구성원 성과급	114	2,545,143	8.9	22,326
지역사회 재투자	82	1,027,933	3.6	12,536
기타	117	7,722,246	27.0	66,002
전체	323	28,653,543	100	88,711

*출처: 사회적기업진흥원. 2013. 「사회적기업 성과분석 보고서」

사회적 목적의 재투자가 중요한 이유는 경제적 가치와 사회적 가치 창출의 선순환을 평가할 수 있는 중요한 척도이기 때문이다. 특히 기술 개발과 설비 재투자를 위한 관련 투자가 지속되어야 경제적 이익이 증대되며, 사회적 기업의 경제적 자립과 그에 따른 사회적 가치의 확대를 기대할 수 있다. 그러나 고용 인력의 확대 혹은 추가적 사회서비스를 위한 투자를 의미하는 일자리 창출과 사회서비스 제공에 투자한 기업은 전체 744개 가운데 약 42퍼센트인 315개 기업에 불과하다. 사회적 혁신 생태계의 성장 전망이 밝지 않다는 것을 재차 확인할 수 있다.

02_
가치의 연계?
단절된 생태계의 가치사슬

사회적 경제 조직 특히 사회적 기업의 가치사슬은 R&D-생산-유통-판매라는 일련의 과정으로 나타난다. 가치사슬이 중요한 이유는 각 단계에서 기업역량을 높여 타기업보다 경쟁 우위를 갖춤으로써 기업의 성공 가능성을 높일 수 있기 때문이다.[58] 우리는 가치사슬 개념을 기업 내부 과정에 초점을 두기보다는 생태계 차원의 가치사슬, 즉 사회적 가치사슬로 확장해 사회적 혁신 생태계의 현주소를 진단해보고자 한다.

기업의 생애 주기로 볼 때 사회적 경제 조직은 대부분 스타트업 혹은 신생 기업이다. 이들은 기술 개발과 사업화, 유통망, 마케팅 등 모든 측면에서 그 역량이 부족한 것이 사실이다. 따라서 사회적 기업이 처음부터 완벽한 조직이 되기를 기대하는 것은 현실적이지 못하며, 타 조직과의 연계를 강화하는 네트워킹 활동이 사회적 경제 조직의 성장에 중요한 요소가 된다. 이것이 가능한 이유는 사회적 혁신 생태계에서는 경쟁보다는 연대와 협력을 통한 공진화Co-evolution가 상대적으로 수월할 수 있기 때문이다.

공공 부문과 시장경제, 시민사회라는 세 영역의 교차점에 위치하고 있는 사회적 혁신 생태계는 정부와 중간지원 조직, 민간기업, 시민단체 등 다양한 조직들과의 관계망이 형성되어 있다. 사회적 경제에 속한 단위 조직들 간의 교류와 협력은 생태계의 혁신과 진화에 필수적인 요소이다. R&D−생산−유통−판매라는 일련의 과정에서 요구되는 기술 및 인력, 자원이 긴밀하게 연결되어 사회적 기업의 가치사슬이 견고해질 때, 사회적 혁신 생태계의 경제적·사회적 성과를 기대할 수 있다.

고립된 사회적 기업들

사회적 기업의 교류 정도를 엄격하게 진단하려면 네트워킹의 규모와 빈도, 방식, 내용에 대한 면밀한 검토가 필요하다. 하지만 여기서는 가용한 자료의 한계로 인해 네트워킹 대상과 분야에 대한 교류 빈도를 중심으로 살펴보겠다. 사회적 기업 지역협의회(57.5%)와 지자체(52%), 지역 단위에서의 타 사회적 기업(40.6%)과의 네트워킹 수준은 비교적 높게 나타나지만 중간지원 조직(전국단위 30.7%, 지역 단위 22.6%)과의 연계는 그다지 활성화되지 못하고 있다. 교류 분야에 초점을 두면, 홍보·판매·시장에서의 연계가 가장 높은 수준인 것으로 나타나며(65.4%), 인력·교육(52.9%), 제품개발·생산(30.3%), 재무·자금(30.3%) 등이 그 뒤를 잇고 있다. 전반적으로 사회적 기업의 연결망에서 조직들 간의 네트워킹은 좋은 점수를 주기 어렵다.

〈사회적 기업 네트워크 현황〉

		교류 분야의 관계 비율					계
		제품개발 생산	홍보판매 시장	인력 교육	재무 자금	기타	
전국 단위	중앙 부처	4.1	7.1	6.2	8.8	2.1	19.0
	전국단위 협회 업종 네트워크	6.4	16.1	13.1	1.2	5.6	26.6
	시민단체	3.2	11.8	6.2	1.6	5.3	21.2
	중간지원 조직	2.3	16.8	10.8	4.4	8.3	30.7
	타 사회적 기업	7.2	18.2	7.4	1.1	7.6	27.9
	민간기업	6.0	12.7	3.9	2.8	3.5	20.3
지 역 단 위	지자체	9.2	31.6	13.1	18.0	8.3	52.0
	중간지원 조직	2.5	9.5	12.0	3.4	6.5	22.6
	사회적 기업 지역협의회	6.7	34.6	21.9	5.1	20.5	57.5
	타 사회적 기업	9.5	26.3	7.6	2.5	12.0	40.6
	민간단체	5.3	15.9	2.7	2.5	4.4	24.3
	시민단체	3.4	17.1	8.5	0.7	9.0	30.0
	사회복지 시설	2.7	18.9	7.8	1.1	10.2	32.8
	대학	4.2	7.6	9.2	0.2	4.8	20.6
계		30.3	65.4	52.9	30.9	33.2	81.0

*출처: 사회적기업진흥원. 2013. 「사회적기업 성과분석 보고서」

이러한 결과가 의미하는 바는 과연 무엇일까.

먼저 사회적 기업의 이해관계를 대변하는 사회적 기업 지역협의회와의 교류는 활발히 나타나는 것이 바람직하다. 이는 가장 기본적인 사회적 기업 간의 조직화 수준을 의미하는 것이기 때문이다. 하지만 현재 사회적 기업 지역협의회는 자원과 역량이 부족하고 형식적으로 운영되고 있는 것으로 보인다. 중앙 정부 혹은 지자체가 사회적 기업들의 요구사항을 귀 기울이고 지원 정책을 만들어주길 기다려서는 곤란하다. 지역협의회는 지역 차원에서 사회적 경제 발전을 위한 옹호자로서 구심적인 역할을 할 수 있어야 하며, 이는 사회적 기업 간의 교류를 활성화하는 교량 역할을 충실히 하는 것에서 출발해야 한다.

둘째, 지자체 차원에서의 사회적 기업 지원 정책에서 불균형 현상이 있다. 지자체와의 연계는 주로 홍보·판매·시장 분야에 집중되어 있고(31.6%), 그다음으로 재무자금(18%), 인력교육(13.1%) 등의 순을 나타내고 있다. 특정 지자체는 사회적 기업에 상당한 관심을 갖고 사회적 경제 조성을 위한 정책적 노력을 경주하고 있는 반면, 그렇지 못한 지자체도 상당수 존재하는 것이다. 물론 사회적 기업에 대한 지원 여부나 그 방식은 개별 지자체의 선택에 달린 것이긴 하다. 그럼에도 사회적 혁신 생태계의 발전이라는 거시적 관점에서 볼 때, 지자체별 지원 정책의 격차가 지역 간의 사회적 경제 생태계 발전의 불균형을 야기할 수 있다는 점은 진지하게 고민해야 할 대목이다. 특히 지자체가 사회적 기업 조직을 지원할 수 없는 이유가 재정 부족과 같이 불가 피한 지자체의 여건 때문이라면 이를 방치해서는 안 되며 구조적 개선이 이루어져야 한다. 우리는 최소한 사회적 경제 발전의 출발에 있어서는 지자체 간의 고른 기회가 제공되어야 마땅하다고 본다.

셋째, 사회적 기업 간의 연계는 전략적인 협력 관계까지 발전하지 못하고 있다. 타 사회적 기업과의 네트워킹은 주로 홍보·판매 측면에서의 교류가 주된 활동으로 나타났다. 특히 제품 개발 및 생산 단계에서의 타 사회적 기업과의 교류는 전국 단위에서 7.2퍼센트, 지역 단위에서 9.5퍼센트로 매우 낮은 수준이다. 사회적 기업의 혁신을 위해서는 전반부에 해당하는 제품 개발에서부터 생산 과정에서의 협력까지 교류의 범위를 확장하려는 노력이 필요하다. 언뜻 보면 이 단계에서의 협력은 사회적 기업들이 서로 다른 제품과 서비스를 생산하기 때문에 효과가 없다고 생각하기 쉽다. 그러나 경영 전략에 관한 많은 연구들은 조직의 창의성이 서로 다른 영역에 속한 지식과 경험의 조합에서 창출됨을 입증하고 있다. 성공 경험이든 시행착오든 타 사회적 기업이 가진 무형의 자산을 전략적으로 활용하는 것을 적극적으로 시도해야 한다.

넷째, 교류 분야에서는 주로 판로개척을 위해 홍보 및 마케팅에서 공동 협력의 형태가 지배적으로 나타나고 있으며, 주로 지자체(31.6%)나 사회적 기업 지역협의회(34.6%)를 통한 방식으로 추진되고 있다. 이는 사회적 기업이 고비용의 유통망을 독자적으로 갖추기 어렵다는 점을 고려할 때 그리 놀라운 결과는 아니다. 문제는 지자체나 지역 협의회가 얼마나 효과적인 홍보 및 마케팅 채널이 될 수 있느냐는 데 있다. 두 기관 모두 실제 이 분야에 있어 전문성을 갖추고 있다고 보기 어렵다. 가령 홈쇼핑 채널이나 대규모 온라인 마켓에 비교할 때 어느 정도나 타깃 시장에 효과적으로 어필할 수 있을지를 생각해보면 현재 사회적 기업의 홍보 및 마케팅 채널의 효과는 매우 제한적이고 일시적이다. 판촉 기능은 사회적 기업에게 가장 취약한 부문이기 때문에 경쟁력 있는 채널을 확보하기 위한 노력이 절실히 필요하다. 지자체가 주력해야 할 부문은 지역 내 공공기관에서 사회적 기업 제품의 공공구매를 촉진하는 역할일 것이다.

끝으로 중간지원 조직과의 연계 수준이 낮다는 점은 사회적 경제 생태계의 가장 큰 문제이자 지원·지지 체계가 취약함을 단적으로 보여주는 결과이다. 소규모 조직이 절대 다수인 사회적 기업들은 대기업과 같이 기업경영에 필요한 자원과 조직을 충분히 확보하기 힘들다. 예컨대 사회적 기업은 여유 자원이 부족하고 인적 자원 전문가를 채용하기 어려우므로, 교육·훈련 기능의 경우 사회적 기업이 단독으로 해결하기보다는 중간지원 조직의 도움을 받아야 한다. 그러나 인력·교육 분야에서 중간지원 조직의 역할은 매우 미미한 수준(12%)이며, 오히려 지역협의회가 주된 역할(21.9%)을 하고 있다. 따라서 중간지원 조직은 사회적 기업들이 공통으로 처해 있는 취약 사항을 파악하고 이를 해소하도록 지원하는 역할과 기능을 담당해야 한다. 중간

지원 조직의 역량 강화를 통해 사회적 기업의 가치사슬 연계가 좀 더 긴밀하게 작동할 수 있는 방향으로 나아가는 것이 필요하다.

03_
조화와 협력?
어울림 없는 생태계의 행위자들

사회적 혁신 생태계는 경쟁보다는 연대와 호혜, 협력을 강조하는 경제 체제이다. 특히 연대는 조직적 이해관계를 넘어선 개념으로 일반 시민의 이익까지 반영하는 것으로 발전해 왔다. 이러한 추상적 원리들이 사회적 경제를 규율하는 지향점이라면, 사회적 혁신 생태계 작동 원리의 가장 큰 특징은 기업 행위를 조정하는 방식이 자유시장경제 혹은 주주자본주의와는 근본적으로 다르다는 데 있다. 이 점을 이해하려면 선진자본주의 국가들이 각자의 고유한 자본주의의 모습을 가지고 있다는 점에 주목하고 발전한 자본주의의 다양성 혹은 생산레짐 모형에 대한 논의를 이해할 필요가 있다.

자본주의의 다양성과 사회적 경제

우리는 일반적으로 사회주의와의 대조를 통해 자본주의를 이해해왔다. 그러나 최근의 사회과학 연구는 자본주의 또한 다양한 제도적 모습을 보인다는 점을 강조한다. 자본주의 체제는 자유시장경제Liberal Market Economies와 조정시장경제Coordinated Market Economies로 구분된다. 자유시장경제는 기업들이 시장을 중심으로 기업 행위를 조정하는 반면, 조정시장경제는 비시장적인 관계를 통해 기업 행위를 조정한다. 미국이나 영국 등과 같이 소위 주주자본주의가 발달한 국가들이 대표적인 자유시장경제에 해당한다. 조정시장경제를 가진 독일과 북유럽의 국가들에서는 시장의 힘에 전적으로 의존하기보다는 정부와 자본, 노동이 협상을 통해 이해관계를 조정하고 시장의 규칙을 설정함으로써 기업의 경제활동을 규율하는 경향이 강하게 나타난다.

자유시장경제와 조정시장경제에서는 자본주의 체제를 구성하는 금융제도, 노사관계, 교육 및 훈련제도, 기업 간 관계가 서로 다른 특징을 가지고 있다. 자유시장경제에서의 금융제도는 매우 단기적 시각을 강조하지만, 조정시장경제에서는 장기적 시각이 강조된다. 기업 간 관계와 노사관계에 있어서도 자유시장경제에서는 경쟁이, 조정시장경제에서는 협력이 좀 더 크게 나타난다는 것도 특징이다.[59]

자본주의의 제도적 특성에 관한 복잡한 이론을 언급한 이유는 고도로 진화된 사회적 혁신 생태계의 모습은 조정시장경제의 특징과 매우 닮아 있기 때문이다. 최근 언론에서 조명되는 사회적 경제 조직의 많은 모범 사례들이 조정시장경제 국가들에서 나타난 것은 우연이 아니다. 인내심을 가진 금융제도 Patient Capital가 뒷받침되고, 특정 기업 혹은 특정 산업에 특화된 숙련된 노동력을 공급하는 교육훈련 제도를 갖추고, 협력적 노사관계 속에서 임금 설정이 이루어지고 있는 조정시장경제의 특징은 성숙한 사회적 혁신 생태계의 작동 원리와 유사하다.[60] 그리고 그 핵심에는 사회적 경제의 모습과 운영에 관해 누가 의사결정하고, 어떻게 의사결정을 하며, 책임과 권한의 범위를 어떻게 설정하는가, 즉 거버넌스에 관련된 이슈가 있다.

사회적 혁신 생태계 거버넌스의 쟁점들

그렇다면 우리나라의 현재 사회적 혁신 생태계와 관련된 거버넌스는 어떠한가. 정부가 주도해 사회적 경제를 발전시켜온 우리의 역사적 맥락은 거버넌스의 성격에도 고스란히 반영되어 있다. 중앙정부가 의사결정을 지배하면서 영향력을 행사하고 있고, 다른 사회적 주체들, 즉 사회적 경제 조직, 시민사회, 민간기업의 참여와 협력은 제한적이거나 소극적이며, 그 권한과 책임 또한 약하다. 거버넌스의 차원을 관-관, 민-관, 민-민의 세 차원으로 볼 때, 사실상 중앙·광역·기초 정부와 공공 중간지원 조직의 관계만이 비교적 발달되어 있을 뿐, 민-관 및 민-민의 거버넌스 질은 매우 미비한 수준이다. 사회적 혁신 생태계 거버넌스의 구축과 운영에 관련된 쟁점들을 좀 더 자세히 살펴보자.

첫째, 관-관의 거버넌스가 다른 거버넌스 차원에 비해 상대적으로 발전되어 있다고는 하지만 문제가 없는 것은 아니다. 사회적 경제 조직을 복수의 주무 부처가 관리하고 있음에도 부처 간의 조율과 조정이 제도화되어 있지 않다. 사회적 기업은 고용노동부, 협동조합은 기획재정부, 마을기업은 행정자치부의 업무로 분절화되어 있다. 사회적 경제 조직에 대한 정책적 지원과 그 방향은 주무부처의 정책 기조에 따라 크게 좌우되므로 사회적 경제 생태계 조성에 있어 필요한 조율과 조정도 효과적으로 이루어지지 않고 있다.

　각기 다른 부처의 감독에서 비롯되는 조정 문제로 인해 사회적 경제 조직은 양적 성장을 경쟁적으로 추구하면서 자원의 낭비를 초래할 우려 또한 크다. 중복 수혜를 받을 수 있기 때문에 도덕적 해이가 나타날 가능성도 있다. 중앙부처의 부처 간 사무 분할은 광역 단위 그리고 지자체 단위에서 사회적 경제 행정의 칸막이 현상을 유발하는 주된 원인이며, 이는 지방정부의 사회적 경제 조직 지원 체계의 효율성을 낮추게 된다. 이에 따라 파편화된 정부지원 체계에 따른 부처 칸막이 현상의 해소는 2014년 10월에 발의된 「사회적경제기본법」의 중요한 배경 중 하나이며, 「사회적경제기본법」은 사회적 경제 조직들에 대한 통합지원 체계 구축을 핵심적 내용으로 하고 있다.

　둘째, 민간 부문 중 특히 대기업의 사회적 혁신 생태계 거버넌스의 참여가 공식적으로 제도화되어 있지 못하고 있다. 사회적 혁신 생태계를 성숙시키려면 대기업의 역할이 매우 중요하다. 마이클 포터가

설득력 있게 주장한 바와 같이, 사회문제의 해결에 있어 기업이 보유한 역량과 자원은 이제 정부와 대등하거나 어떤 면에서는 정부를 능가한다.[61] 따라서 정부의 강제나 압력에 의해서가 아니라 대기업이 능동적으로 사회적 혁신 생태계의 울타리로 들어올 수 있는 다양한 제도들이 필요하다. 그리고 그것은 사회적 경제 거버넌스에서 기업과의 파트너십 구축을 핵심 축으로 설정하는 것에서 출발해야 한다.

다른 한편으로, 현재 기업들이 추진하고 있는 사회적 기업 프로그램들에 대한 진지한 성찰과 새로운 모색 또한 필요하다. 대기업은 마치 계열사를 키우듯 소수의 사회적 기업을 직접 운영하는 전략에 치중하기보다는 사회적 혁신 생태계의 전반적인 역량을 끌어올리는 것에서 그 핵심적인 역할을 찾아야 한다. 언론에서 대기업이 자랑하고 있는 사회적 기업들을 반기는 동시에 우려 섞인 목소리를 내는 이유는 대기업이 자신의 위상에 걸맞은 역할을 담당하고 있지 못한 데 따른 것이다.

사회적 혁신 생태계 발전을 위한 대기업의 참여가 실효를 거두려면 두 가지 문제가 해결될 필요가 있다. 우선 사회적 경제 지원 프로그램의 목표와 방법에 대해 대기업들 간의 합의의 도출이 필요하다. 대기업들의 관심 분야가 다르고, 사회적 혁신 생태계에 기여할 수 있는 다양한 방법이 존재하기 때문이다. 한편 개별 대기업 내부에서의 개선도 필요하다. 대기업들이 내부적으로 운영하고 있는 개별적인 사회적 책임 프로그램과 사회적 경제 조직 지원 프로그램을 통합하려는 노력을 일례로 들 수 있다.

　언뜻 보면 다자가 협력하며 운영하는 거버넌스적 접근은 의사결정 과정을 복잡하게 만들고 비효율을 야기하는 것처럼 보인다. 그러나 시장이 아닌 비시장적 관계를 통해 운영되는 일종의 조정시장경제와 같은 사회적 혁신 생태계를 성공적으로 구축하는 데 있어 좋은 거버넌스는 필수적이다. 따라서 정부를 포함한 공공 부문과 대기업을 포함한 민간 부문이 역할과 책임을 분명히 하고 조정과 조율이 활성화할 수 있도록 효과적인 거버넌스를 정립해야 한다.

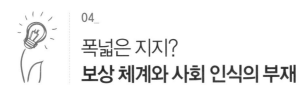

04

폭넓은 지지?
보상 체계와 사회 인식의 부재

앞서 살펴보았듯이 사회적 혁신 생태계가 초기 단계라는 점을 감안하더라도 우리나라 사회적 기업에서 나타나는 경제적 성과와 사회변화 및 혁신의 해결사 역할은 기대에 미치지 못하는 수준이다. 사회적 혁신 생태계에서 활동하는 사회적 경제 조직과 정부, 민간 기업, 중간지원 조직, 시민사회 등 다양한 주체들의 교류와 협력도 활발하지 않다. 사회적 혁신 생태계의 지휘부에 해당하는 거버넌스 또한 제대로 갖추어져 있지 않아 다양한 참여 주체 간의 조화와 협력 수준도 낮다. 성숙된 사회적 혁신 생태계 조성을 위한 필수적인 차원, 즉 사회혁신 역량, 활발한 상호작용, 좋은 거버넌스와 밀접하게 관련된 또 다른 요소는 생태계가 얼마나 사회적으로 정책적으로 지지받고 있는지와 연관된 제도적 지원이다.

사회적 지지 체계의 쟁점들

사회적 지지 체계의 확보와 그에 대한 분명한 보상, 그리고 사회적 경제의 유효성에 대한 인식의 전환은 사회적 혁신 생태계 성장의 주요 밑거름이 될 다양한 자원의 지속적 유입에 필수적인 조건이다. 산림 생태계가 조성되려면 적정 수준의 일조량과 강수량이 확보되어야 하는 것과 같이 사회적 혁신 생태계가 성장하는 데 필요한 기후 조건을 조성해주어야 한다. 다른 한편으로 사회적 경제에 우호적인 가치 및 규범이 형성되어야 한다. 예를 들어 사회적 경제 조직에 대한 지지, 참여, 구매와 같은 일반 시민들의 행동들이 그렇다. 일반 대중의 사회적 승인과 인정이 없다면 사회적 혁신 생태계의 지속가능성을 기대하기 어렵다.

그렇다면 두 가지 측면에서 우리의 현주소는 어떠할까. 우리의 사회적 혁신 생태계는 양질의 인적·재정적 자원을 확보하기 위한 제도적 장치를 가지고 있는가. 먼저 인적 자원의 공급을 살펴보자. 우리나라의 사회적 기업가와 관련된 인적 자원 공급 체계의 발전 속도는 매우 더디다. 일부의 사례(KAIST의 사회적 기업가 MBA, 성공회대의 협동조합경영학과 등)를 제외하면 사회적 기업가를 양성하기 위한 다양한 교육훈련 프로그램들에서 커리큘럼의 구성이나 이수 시간은 만족할 만한 수준에 도달하지 못하고 있다. 사회적 경제 조직에 대한 개괄적인 이해, 정부 정책에 대한 이해, 현업 종사자들의 특강, 사회적 기업 현장 탐방 등으로 구성된 다수의 교과과정을 보면, 사회적 기업 창업에 관심이 있는 사람들에게 최소한의 정보를 제공하는 데 그치는 경우가 다수이다.

사회적 기업가는 일반적인 경영 역량뿐만 아니라 사회적 가치에 대한 헌신이 필수적으로 요구된다. 그들이 꿈꾸는 사회 변화를 위한 열정과 이상이 지속되는 데는 더 많은 사회의 관심과 노력이 필요한 것이다. 그러나 창업을 시도해보고 시행착오 속에서 역량을 축적할 수 있는 우리 사회의 교육·훈련 시스템은 매우 부족하며, 사회적 기업가를 육성하는 데 투입하는 자원도 인색한 수준이다. 과감한 인적 자원에 대한 투자가 없다면 사회적 혁신 생태계에 탁월한 아이디어와 우수한 인력의 지속적인 유입은 기대하기 어렵다.

여기서 우리는 좀 더 근본적인 질문을 던져 볼 수 있다. 왜 사회적 혁신 생태계로 우수한 인력들이 몰리지 않는 것일까. 정부가 지원하지 않더라도 대학들이 앞장서 사회적 기업가를 양성하는 학과 개설 노력은 없는 것일까. 전공을 불문하고 수많은 청년 구직자들이 공무원이 되고자 노력하는 것처럼 사회적 기업이 매력적인 직장이 될 수는 없는 것일까. 질문에 대한 해답은 직업 선택이 개인의 합리적 선택에서 비롯된다는 점에서 찾아야 한다. 적정 수준의 임금과 안정적인 일자리에 대한 긍정적인 전망이 형성되지 않으면, 사회적 혁신 생태계를 위한 인력공급 체계는 발전하기 어렵다. 사회적 경제를 위한 재정적 성장 기반이 중요한 이유 중 하나가 여기에 있다.

인적 자원과 더불어 금융자원은 사회적 혁신 생태계 조성에 필수적 요소이다. 사회적 기업이나 협동조합은 기존의 제도권 금융기관으로부터 자원을 조달 받기가 현실적으로 매우 어렵다. 혁신적인 아이디어를 위한 창업자금은 물론이고 기존 사업을 확대하거나 신규 사업에 대한 도전에 있어 여러 현실적인 제약이 존재한다는 점은 사회적 기업 경영자들이 늘 토로하는 고민이다. 이들은 수익성을 우선하는 제도권 금융기관에 기댈 수 없기 때문에 정부의 금융지원에 의존하는 행태를 보인다. 그러나 정부의 정책금융도 한계가 있다. 통상적으로 정책금융은 정부 단독으로 혹은 정부와 금융권이 함께 기금을 조성해 지원하는 방식으로 운영되는데, 기금 적립액을 키우는 것에도 한계가 있고, 저금리를 유지하는 것도 어려우며, 기금 적립액이 고갈되었을 경우 지원이 중단된다는 문제가 있다.

이 때문에 사회적 혁신 생태계를 건강하게 만들려면 사회적 금융Social Finance 시장을 조성하는 것이 유력한 대안이라는 주장이 제기된다. 대표적으로 사회적·환경적 과제를 해결하면서 동시에 재무적 수익을 창출하는 사회목적투자Impact Investing 혹은 임팩트 투자Impact Investment를 활성화시켜야 한다는 것이다. 임팩트 투자는 대체로 최소 5년 이상의 장기자본 투자이며, 일반금융의 기대수익률보다 낮지만 안정적인 특성을 가진다. 2000년 이후 일부 국가를 중심으로 시도된

임팩트 투자는 2008년 금융위기 이후 본격적으로 성장하고 있는데, Monitor Institute는 향후 5~10년 이내에 임팩트 투자가 전 세계 금융관리자산 규모의 1퍼센트인 5,000억 달러에 도달할 것이라고 전망한 바 있다.[62] 우리나라에서의 사회적 금융 조성은 이제 막 걸음마 단계로 법적 기반을 만드는 과정에 있다. 2014년에 발의된 「사회적경제 기본법」에서는 사회적 경제 정책금융 기반 조성이 주요 골자 중 하나인데, 사회적경제발전기금 등 사회적 금융제도 정비와 사회적 금융기관 육성, 민간기금 조성 등을 포함하고 있다. 물론 기본법이 제정된 후 나타날 정책을 지켜봐야 하겠지만, 여전히 정부 주도의 시각에서 벗어나지 못하는 한계는 우려스러운 점이다.

인적자원에 대한 투자와 사회적 경제 조직의 재원 조달은 유무형의 수익에 대한 합리적 기대를 전제로 한다. 사회적 혁신 생태계에 보상체계가 확고히 자리 잡을 때 활발한 창업 활동을 통해 혁신적인 사회적 기업들이 대거 설립되고, 많은 사람들이 사회적 기업에서 일하는 것을 선호하며, 안정적으로 자금을 공급될 수 있을 것이다. 인력이나 재원의 조달이 공급 차원에서의 문제라면 사회적 혁신 생태계의 수요는 어떠한가. 사회적 경제 및 사회적 기업에 대한 대중의 인식과 태도를 살펴보자.

불행히도 일반 대중들은 사회적 경제 및 사회적 기업에 대한 인지도가 낮고, 이해 또한 부족하다. 이는 상당히 비관적인 내용인데, 소비자들이 구매결정 과정에서 사회적 기업의 제품 및 서비스를 고려하지 않고 있다는 점을 의미하기 때문이다. 구체적으로 살펴보자. 사회적 기업 육성법이 수립된 초창기인 2009년에 비해 2014년에는 일반 대중들의 사회적 기업에 대한 인지도가 40퍼센트에서 80.6퍼센트로 두 배 이상 크게 증가한 것으로 나타난다.

〈사회적 기업에 대한 인지도〉

	2009년*	2014년**	증가폭
명목적 인지도	32.9%	33.4%	0.5%p
실질적 인지도	17.1%	47.2%	30.1%p
계	40.0%	80.6%	40.6%p

* 사회적기업연구원. 2009. "2009년 사회적 기업에 대한 일반인 대상 인식조사 분석"
** 출처: 동아시아연구원. 2014. "2014년 글로브스캔 조사"

그럼에도 '사회적 기업이 무슨 일을 하고 있는지'를 알고 있는 실질적 인지도는 2014년 기준으로 여전히 절반에 못 미치는 47.2퍼센트에 불과하다. 결국 사회적 기업에 대한 낮은 인식은 사회적 기업이 일반 소비자를 대상으로 제품이나 서비스를 제공함에 있어 장애를 겪고 있다는 것을 의미한다. 다행스러운 것은 2014년 현재 절대 다수의 대중이 사회적 기업이 필요하다고 인식하고 있다는 점이다. 사회적 기업의 정의를 제시하고 그 필요성을 물었을 때, 필요하다는 응답이 91.5퍼센트에 달하며, 그 가운데 매우 필요하다고 답한 비율도 55.4퍼센트에 이른다.[63]

따라서 최소한 우리나라에서 사회적 혁신 생태계 조성을 위한 여론의 지지는 확보되어 있다고 할 수 있다. 정치권과 정부는 사회적 경제와 관련된 지원과 투자를 위한 동력을 얻고 있는 셈이다. 그럼에도 여론의 지지가 사회적 경제 진화의 장밋빛 전망의 증거가 될 수 없는 이유는 그것이 소위 말하는 윤리적 소비자가 되겠다는 의사 표시는 아니기 때문이다. 사회적 기업에 대한 실질적 인지도가 현저히 낮다는 것은 이를 잘 나타내준다고 볼 수 있다. 인지도조차 낮은 상황에서 실제 사회적 기업 제품의 활발한 구매가 있을 것이라고는 기대하기 어렵다.

3장

사회적 혁신 생태계, 전략적 조성이 필요하다

SOCIAL
INNOVATION
ECOSYSTEM
3.0

사회적 혁신 생태계 3.0: 발전과 진화

시장경제체제 혹은 복지국가 사이에서 왜소한 형태로 존재해왔던 사회적 경제는 시장 실패와 정부 실패를 극복할 수 있는 새로운 대안으로 부상했다. 많은 다른 국가들 또한 이 새로운 경제 영역이 가지는 있는 잠재력을 구현하고자 다양한 실험을 시도하는 중이다. 우리나라의 경우 사회적 경제 조성을 위한 정부의 초기 정책은 일자리 창출을 우선적인 목표로 하는 고용정책 중심의 시각이 지배적이었다. 그러나 최근의 사회적 분위기를 보면, 이런 제한적인 시각에서 벗어나 사회적 경제 조성이라는 큰 틀에 대한 합의가 형성되고 있는 것으로 보인다. 큰 방향에 대한 합의에도 불구하고 사회적 경제의 미래를 보여주는 청사진은 여전히 불투명하다. 우리가 추구해야 할 이상적인 사회적 경제의 미래상은 무엇인가. 우리의 현재 위치는 어디이며, 과연 우리는 어디로 나아가야 하는가.

사회적 혁신 생태계를 구축하는 데 있어 가장 중요한 원칙은 생태계의 지속가능성을 확보하는 데 있다. 또한 생태계의 지속가능성은 경제적 목적과 사회적 목적을 동시에 달성할 수 있는 사회적 혁신에 있다. 사회적 혁신 생태계가 제자리를 잡으려면 우선 사회적 경제 조직의 양적 성장 중심 패러다임에서 벗어나 좀 더 발전된 형태로 나아가야 한다. 정부 지원에 의존하여 사회적 경제 조직의 숫자 늘리기에 급급한 인위적 양적 성장 모형을 탈피하여 공존과 협력, 변혁적 혁신의 확산이 가능한 사회적 혁신 생태계로 진화해야 한다는 것이다. 사회적 혁신 생태계의 진화는 다음과 같은 3단계로 구분할 수 있다.

사회적 혁신 생태계 1.0 : 양적 성장 단계

사회적 혁신 생태계의 첫 단계는 바로 정부·기업 주도에 의해 사회적 기업의 물리적 규모가 급속히 성장하는 현재 우리나라 사회적 경제의 모습이라 할 수 있다. 정부 혹은 대기업에 대한 의존성이 높고 사회적 기업의 운영 역량이 미흡하기 때문에 자생력이 미약한 생태계 초기 상태에 해당한다. 따라서 아직까지 독자적인 사회경제적 영역을 구축했다고 보기는 어렵다. 때문에 사회적 경제 조직들이 괄목할 만한 사회적 성과를 내기 어렵고, 재무적 성과를 내는 것에는 더 큰 한계가 있다. 사회적 혁신 생태계를 통해 얻을 수 있는 사회경제적 충격과 위기에 대한 회복탄력성Resilience을 기대하기도 어렵다.

사회적 혁신 생태계 2.0 : 공존과 협력의 단계

생태계 2.0은 사회적 경제 영역이 공공 부문 및 시장 영역과 대등한 관계 속에서 공존하는 단계를 의미한다. 이는 생태계의 성장과 발전을 위한 지속가능성을 갖추고 독자적인 생태계로 자립한 것을 의미한다. 생태계 1.0에서 2.0으로 도약하려면 사회적 혁신 생태계의 네 가지 차원에서 진화가 진행되어야 한다. 적정 수준의 수익을 창출하면서 창조적으로 사회문제를 해결해가는 혁신 역량의 구현, 사회적 경제 생태계의 다양한 행위주체들의 활발한 교류와 협력, 사회적 경제 생태계의 운영원칙을 조정·조율하는 거버넌스 운용, 인적·물적 자원의 활발한 유입과 윤리적 소비의 확대로 대변되는 대중의 정체성 변화가 그것이다.

사회적 혁신 생태계 3.0 : 변환적 확산 단계

변환적 확산 단계는 사회적 혁신 생태계의 이상적 좌표라 할 수 있다. 이 단계에서는 기존의 주주자본주의로 인한 폐해를 극복하고 공동체 자본주의가 완성되는 모습을 띠며, 사회적 기업 혹은 협동조합과 더불어 시장경제에 속한 모든 기업들이 사회적 가치와 경제적 가치의 추구를 동시에 모색하게 된다. 생태계 3.0에서는 많은 기업이

R&D에 투자하듯, 사회적 혁신을 위해 투자하는 것이 기업 경영의 핵심적 패러다임이 된다. 더 나아가 생태계 2.0에서 3.0으로의 전환을 보여주는 가상의 징후로 대기업이 사회적 경제 조직으로 변모하는 상황을 생각해볼 수 있다. 호혜와 협력 그리고 연대를 특징으로 하는 사회적 경제 영역이 시장경제 영역의 우위에 서는 위상을 갖는 단계가 그것이다.

사회적 혁신 생태계의 진화와 발전을 묘사한 각 단계는 재화와 서비스의 수요–공급의 맥락에서 재해석할 수 있다. 아래의 그림은 1.0 단계에서부터 3.0 단계에 이르기까지 사회적 혁신 생태계의 수요–공급을 간단하게 나타낸 그래프이다.

〈사회적 혁신 생태계 1.0〉

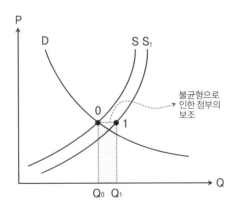

먼저 사회적 혁신 생태계 1.0에서는 시장경제에서 과소 공급되는

재화와 서비스를 사회적 경제 조직을 통해 공급량을 높여 사회적 수요를 충족시키고자 하지만 여전히 사회적 공급은 부족한 단계이다. 1.0에서 수요는 D로 공급은 S로 나타나는데, 사회적 경제 조직의 유입으로 공급이 S에서 S_1로 증가하여 균형이 0의 지점에서 1의 지점으로 이동한 상태를 나타내고 있다. 그러나 대부분의 사회적 경제 조직들이 정부보조금에 의존하고 있어 질적 성장보다는 양적 성장에 치우쳐 있기 때문에, 균형은 안정적이지 못하다. 특히 정부의 보조가 없어질 경우 S_1 수준의 공급은 더 이상 유지되기 어렵다.

〈사회적 혁신 생태계 2.0〉

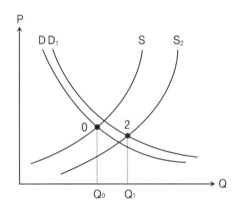

생태계 2.0에서는 공존과 협력을 통해 공급 수준이 향상됨으로써 사회적 수요와 사회적 공급이 균형을 이루는 단계로 자체 성장 동력을 갖춘 사회적 혁신 생태계는 지속가능성의 기반을 가지게 된다.

2.0에서는 공급이 S에서 S_2 수준으로 크게 증가할 뿐만 아니라 수요도 D에서 D_1 수준으로 소폭 증가한 상태이다. 따라서 재화와 서비스 수준도 기존의 Q_0에서 Q_2로 증가하여 2의 지점에서 균형을 이루게 된다. 특히 증가한 수요와 공급으로 인해 사회적 경제 영역이 담당하는 재화와 서비스 생산이 사회 전체의 재화와 서비스 생산에서 차지하는 비중이 크게 늘어나므로, 사회적 경제 영역은 다른 공공 부문이나 시장 영역과 비교해 더 이상 크게 열위에 있지 않다. 생태계 2.0에서의 균형은 안정적 균형이라는 점에서 1.0에 비해 진일보한 모습을 보이지만, 대부분의 생산이 공급의 증가에서 비롯되며 여전히 수요는 크게 늘어나지 않는다는 점에서는 아직 생태계가 고도로 성숙화 된 단계로 보기는 어렵다.

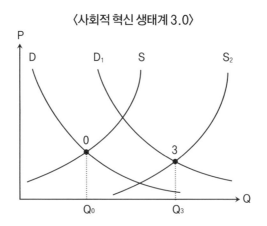

〈사회적 혁신 생태계 3.0〉

끝으로 사회적 혁신 생태계 3.0은 사회적 수요와 사회적 공급이 지속적으로 높아지고 사회적 혁신 생태계의 성숙이 고도화되는 단계이다. 그림에서 확인할 수 있는 것처럼 수요가 D에서 D_2로, 공급 또한 S에서 S_3로 큰 폭으로 증가하여 3의 지점에서 균형을 이루고 있다. 생태계 3.0에서는 사회적 경제 조직의 공급뿐만 아니라 수요 측면에서도 크게 증가했다는 점에서 생태계 2.0과 차별화되며, 재화와 서비스 또한 Q_0에서 Q_3로 비약적으로 증가하게 된다. 생태계 2.0과 비교할 때, 생태계 3.0에서는 사회에서 차지하는 가장 큰 부분이 바로 사회적 경제 영역이라는 특징이 있다. 그러므로 이 단계에서는 사회적 혁신에 투자하는 것이 사회의 지배적인 패러다임이 되며, 개별 기업 입장에서도 당연시되는 전략으로 자리하게 될 가능성이 크다. 특히 3 지점에서의 균형은 생태계의 성숙을 바탕으로 한 매우 안정적인 균형이기 때문에 외부 환경의 충격으로 인해 수요와 공급에 일부분 변동이 생긴다 하더라도 사회 전체적으로 높은 재화와 서비스 수준이 지속적으로 유지될 수 있다는 특징이 있다.

이제 지속가능한 사회적 혁신 생태계의 구현을 위한 생태계 조성 전략을 논의할 차례다. 상호 밀접하게 연관된 생태계의 네 가지 차원인 혁신 역량, 상호작용, 거버넌스, 제도에 대한 발전 방향과 세부 전략을 제시한다.

02_
전략1:
혁신 역량을 확보하라

앞서 제시한 사회적 혁신 생태계 발전 단계 논의를 기반으로 진단해보면 지금 우리나라의 사회적 혁신 생태계는 지속가능성이 떨어지고 자생력이 약한 1.0 단계에 해당한다. 우리나라 사회적 기업의 대다수는 재무적 성과는 물론이고 사회적 성과를 창출하는 데도 많은 한계를 드러내고 있다. 현재와 같은 수준의 역량을 가진 사회적 경제 조직의 양적 확대만으로는 사회적 혁신 생태계 2.0 단계로의 도약은 불가능하다. 사회문제의 해결에 효과적으로 기여하는 사회적 혁신 생태계를 만들려면 무엇을 해야 할까? 좀 더 구체적으로 이 질문은 '어떻게 하면 탁월한 혁신 창출 역량을 발휘하는 사회적 기업을 더 많이 탄생시키고 성장시킬 수 있는가?' 라는 질문으로 바꾸어 말할 수 있다.

생태계 차원의 혁신 전략의 필요성

지금까지의 대다수 처방은 주로 사회적 기업가의 역량을 키우자는 것이었다. 사회적 기업의 성과는 곧 사회적 기업가에게 달려 있다고 보는 사회적 기업가 육성론이 그것이다. 그러나 현재 시행되고 있는 사회적 기업가 육성 프로그램의 상당수는 대학에서 들을 수 있는 한 학기 수업 내용 정도에 해당한다. 이러한 제한된 프로그램을 통해 사회적 기업가 역량을 향상시키고자 하는 것은 마치 경영학 원론을 수강한 학생이 훌륭한 민간기업의 최고경영자가 되기를 기대하는 것과 같이 비현실적인 바람일 것이다.

물론 현재의 육성 프로그램을 통해 모범적인 일부 성공 사례가 나올 수는 있겠으나, 과연 이러한 교육 프로그램만으로 성숙한 사회적 혁신 생태계가 만들어질 수 있을지는 의문이다. 사회적 기업 육성 프로그램은 더 많은 사회적 기업가를 사회에 배출하는 데는 효과적일 수 있다. 그러나 사회적 기업가를 꿈꾸는 사람들 모두가 탁월한 기업 경영 역량과 창의적인 문제해결 능력, 사회문제 해결에 대한 끊임없는 헌신 등 이상적인 사회적 기업가의 모습을 갖추기란 쉽지 않은 일이다. 오히려 상당수 사회적 기업가들은 이 중 소수의 능력만을 갖추고 사회적 기업 창업을 희망하고 있을 것이라고 보는 게 현실적이다.

이런 점에서 사회적 기업가 역량을 향상시키려면 무엇보다 생태계 차원의 혁신 전략, 즉 혁신적 아이디어와 실험이 활발하게 이루어질 수 있는 여건을 조성하는 것이 시도되어야 한다.

혁신 친화적 생태계 조성은 새로운 사회적 기업의 설립뿐만 아니라 현재 운영 중인 사회적 기업의 성장에도 중요하다. 정부의 주도 아래 양적으로 급격히 성장한 현재의 사회적 혁신 생태계 1.0 단계에서는 혁신 역량의 미흡으로 영세성을 극복하지 못한 사회적 기업들이 대다수이며, 혁신을 위해 투자할 자원 또한 충분하지 않다.

더욱이 기업들의 사활을 건 치열한 경쟁이 혁신 노력을 강제하는 시장경제와는 달리 호혜·협력·연대를 특징으로 하는 사회적 혁신 생태계에서 혁신의 창출 동력을 유지하는 것은 쉽지 않다. 그렇다면 현재의 양적 성장을 뛰어넘는 성숙한 사회적 혁신 생태계를 구축하는 데 혁신 DNA를 이식할 수 있는 방법은 무엇일까?

오픈 소셜 이노베이션 플랫폼 구축

현재의 사회적 혁신 생태계가 '공존과 협력' 그리고 나아가 '변환적 확산 단계'로 도약하기 위해 우리는 오픈 소셜 이노베이션 플랫폼 구축을 제안한다. 오픈 이노베이션Open Innovation이란 헨리 체스브로에 의해 개발된 민간기업의 경영혁신 전략의 한 방법으로, 그 핵심은 외부의 아이디어를 사서 쓰고Outside In, 내부의 아이디어를 파는 것Inside Out에 있다.[64]

대표적인 사례가 소비재 분야의 글로벌 기업인 P&G의 C&D^{Connect}

& Develop 프로그램이다. 기존 R&D가 오랜 시간을 통한 사내 연구를 기반으로 제품을 개발하는 폐쇄적인 개발 방식을 의미했다면, C&D 는 외부 기업이나 개인, 대학 연구소 등 다양한 이해관계자와 협력해 새로운 아이디어와 신제품을 개발하는 '개방형 혁신'이다. 오랄비 전 동칫솔 펄소닉^{Pulsonic}, 팬틴 내츄럴 케어 샴푸, 페브리즈 비치형 등과 같은 P&G의 대표적인 히트상품들은 사내가 아닌 외부에서 획득한 아이디어에 기반을 두고 있다.[65]

오픈 이노베이션 전략을 민간 기업이 경영전략으로 채택하게 된 이유는 기업이 자체적으로 신제품이나 서비스를 개발하는 데 드는 비용이 과거에 비해 급격하게 상승하고 있기 때문이다.[66] 이른바 고비용의 '혁신의 경제성'에 직면한 기업들은 R&D의 효율성을 높이고자 종래의 폐쇄형 혁신 전략에서 개방형 혁신 전략으로의 전환을 모색한다는 것이다.

〈P&G의 C&D 프로그램〉

'C&D'(Connect & Develop)란 P&G가 도입한 개방성 혁신 프로그램이다. 다른 기업들이나 기관들이 가진 능력을 최대한 활용해 소비자가 일상을 조금 더 풍요롭게 누릴 수 있는 다양한 혁신에 기반한 제품을 생산하는 것이 C&D 프로그램의 핵심이다. 기존의 R&D는 보통 오랜 시간을 통한 사내 연구를 기반으로 제품을 개발하는 방식이므로, 대개 폐쇄적인 성격을 갖는다. 반면 C&D는 외부 기업이나 개인, 대학 연구소 등 다양한 이해관계자와 협력해 새로운 아이디어와 신제품을 도모하는 방식을 취하므로, 이른바 '개방형 혁신'에 해당한다.

P&G는 C&D를 통해 다수의 혁신적인 제품을 개발했다. 오랄비 전동 칫솔 펄소닉, 팬틴 내츄럴 케어 샴푸, 페브리즈 비치형 등이 바로 C&D를 통해 생산된 대표적 상품이다. P&G는 C&D 프로그램을 통해 내부적으로 미처 생각해낼 수 없었던 창의적 아이디어나 기술을 얻을 수 있었다. 뿐만 아니라 이들에게 아이디어나 기술을 제공하는 업체는 해당 아이디어의 빠른 제품화나 기술 상용화에 따르는 이득을 취할 수 있었다. 개방형 혁신이 양쪽 기업 모두에게 이익을 가져다준 것이다.

우리가 사회적 혁신 생태계에 오픈 소셜 이노베이션 플랫폼을 구축하자고 제안하는 이유도 여기에 있다. 앞서 언급한 바와 같이 사회적 혁신 생태계 1.0 단계에는 대다수의 사회적 기업들이 영세한 수준이다. 이런 기업들이 체계적인 R&D 인프라를 회사 내에 구축하고 전문 인력을 확보해 지속적인 혁신을 추구하는 것은 현실적으로 매우 어렵다. 따라서 오픈 소셜 이노베이션 플랫폼 구축을 통해 기업 간 지식 교류가 활발히 이루어지게 함으로써 사회적 기업들이 직면하는 사회적 혁신의 비용을 크게 감소시킬 수 있다.

오픈 소셜 이노베이션 시스템은 개별 사회적 기업의 프로그램 차원이 아니라 생태계 차원에서 작동하는 플랫폼이라는 점에 주목하는 것이 중요하다. 이는 일종의 혁신적 지식의 접점 혹은 매개체로서의 역할을 하는 것이다. 오픈 소셜 이노베이션 전략의 진화된 형태라고 할 수 있는 지식 중개소 사례를 보자.

CASE STUDY

〈미국 이노센티브〉

이노센티브(Innocentive)는 2001년 인디애나 주 인디애나폴리스에 세워진 R&D 포털 전문 기업으로, 다국적 제약회사인 일라이릴리(Eli Lilly)가 세계 정상급 과학자를 온라인으로 연결해 R&D 비용과 제품 개발 기간을 줄여보겠다는 목적으로 설립한 회사이다. 이노센티브가 다른 여타 기업과 차별화되는 점은 바로 크라우드 소싱(Crowd Sourcing)에 기반한 '문제의 집단 해결' 서비스를 지향한다는 점이다. 정부나 기업이 자신들이 당면한 문제를 웹사이트에 게시하고 현상금을 걸면 과학자나 엔지니어, 해당 분야 전문가 등 전 세계 지식인들이 그 해결에 도전한다. 기업이나 단체에서 아이디어를 의뢰하면 크라우드 소싱 이용자들이 아이디어를 제시하고 이를 평가하여 최종 아이디어의 채택과 보상이 이루어진다. 문제를 의뢰한 기업은 이노센티브에 아이디어에 대한 수수료를 지불한다. 따라서 문제를 해결한 사람은 현상금을 받을 수 있고, 기업이나 정부기관은 낮은 비용으로 문제의 해결책을 찾을 수 있다는 점에서 모두에게 이득이 되는 구조이다. 지난 2007년 국제기름유출연구소(OSRI)가 미국 알래스카 기름 유출 사고의 해결책을 이노센티브를 통해 얻었던 사례는 실로 주목할 만하다. 이노센티브의 사례는 기업 R&D로 해결하지 못한 문제를 다수의 대중과 소통하는 방식으로 혁신적인 해결책을 찾으며, 그 과정에서 기업과 크라우드 소싱 이용자 모두가 발전할 수 있다는 점에서 의의가 있다.

미국의 이노센티브는 지식 중개소를 비즈니스 모델로 하는 기업이다. 이 기업은 해결 과제를 안고 있는 정부 및 기업(의뢰자)과, 문제 해결을 위한 아이디어를 가지고 있는 다수의 대중(제안자)을 연결함으로써 수익을 창출한다.[67] 이노센티브 사례에서 보듯 사회적 혁신 생태계에서도 혁신을 창출하는 플랫폼으로서 지식 중개소를 상상해볼 수 있다. 오픈 소셜 이노베이션 시스템이 사회적 기업과 문제해결 아이디어를 지닌 다수의 대중들을 매개할 수 있도록 허브 역할을 한다면 사회적 혁신 생태계의 역량은 지금보다 훨씬 높아질 수 있을 것이다.

오픈 소셜 이노베이션 플랫폼의 일차적인 기능은 지식과 정보의 중개에 있다. 그러나 이 매개 기능만을 가지고는 사회적 혁신 생태계의 진화와 확장을 효과적으로 도모하기는 어렵다. 오픈 소셜 이노베이션 플랫폼이 담당해야 할 역할은 무엇이 있을까.

먼저 미국의 협력 비즈니스 기업인 '쿼키Quirky'를 보자. 2013년에만 약 5,000만 달러의 수익을 올렸으며 2014년 현재 250여 명의 직원과 90만 명의 회원을 가진 기업으로 성장한 이 회사의 비즈니스 모델 또한 오픈 이노베이션 전략에서 나온 것이다.[68] 개인이든 기업이든 누구나 아이디어를 제안하면 쿼키사는 아이디어의 상업화를 위한 개발에서부터 유통까지 담당한다. 아이디어 제공자에겐 30퍼센트의 로열티를 지급하고 지적재산권은 쿼키가 가져간다.[69] 이 기업은 외부에서 조달한 새로운 아이디어를 상품화하여 신제품을 시장에 출시함으로써 수익을 창출하고 있는 것이다.

CASE STUDY

〈미국의 협력 비즈니스 기업 쿼키〉

"남의 아이디어로 돈을 번다." 언뜻 보면 황당한 이야기처럼 들릴지도 모른다. 그러나 실제 이를 통해 상당한 수익을 얻는 회사가 있다. 바로 미국의 클라우드 아이디어 뱅크 제품화 업체인 쿼키의 이야기이다. 쿼키에서는 사람들이 아이디어를 제안할 수 있는 플랫폼을 운영한다. 아이디어 제공은 누구나 가능하며 이것이 상품화될 경우 아이디어 제공자와 쿼키가 수익을 나눈다. 흔히 많은 기업들은 사업 아이디어를 발굴하고 이를 개발하는 데 상당한 비용을 투자해야 한다. 반면 쿼키는 전 세계 인구를 아이디어 제공자로 활용할 뿐 아니라 상업화로 이어지지 않은 아이디어에 대해서는 비용을 지불하지 않음으로써 연구개발비를 절감하고 있다.

물론 좋은 아이디어를 찾기란 쉽지 않으며 아이디어가 상용화되려면 몇 가지 단계를 거쳐야 한다. 2009년부터 접수된 20만 개 이상의 아이디어 중 단 0.2퍼센트만이 개발 단계로 진입했고, 2014년 현재 132개만이 상용화되어 시장에 출시되었다는 점은 일반인들이 제시한 아이디어의 상용화가 얼마나 어려운지를 잘 드러내주는 대목이다.

그럼에도 아이디어를 내면 개발에서 유통까지 도맡아 해주는 쿼키의 비즈니스 모델은 전문가와의 협력을 통해 일반인들이 가진 아이디어들을 상업화할 수 있도록 도움을 준다는 점에서 큰 가치를 지닌다. 협업과 소통을 바탕으로 혁신의 미래를 꿈꿀 수 있다는 것이 바로 쿼키를 통해 우리가 얻을 수 있는 교훈이다.

이 사례에서 벤치마킹해야 할 핵심적 교훈은 참신한 아이디어의 상업화에 필요한 몇 가지 체계적인 기능을 생태계 차원에서 응용·개발할 수 있다는 점이다. 이는 지식 중개자로서의 오픈 소셜 이노베이션 플랫폼 기능에 더해 혁신적 아이디어를 효과적인 비즈니스 모델로 전환하여 실행 전략을 제시하는 컨설팅 기능을 추가함으로써 가능하다. 사회적 기업들의 경제적 성과와 사회적 성과가 모두 저조한 현재와 같은 상황에서는 이들의 비즈니스 모델에 대한 근본적인 진단과 지원이 필수적이다.

또한 오픈 소셜 이노베이션 플랫폼에서 개발한 사회문제해결 비즈니스 모델을 예비 창업자들에게 오픈 소스 형태로 제공하는 것도 생각해볼 수 있다. 오픈 소스 비즈니스 모델은 사회적 혁신에 대한 관심과 의지는 있으나 손에 잡히는 뚜렷한 사업 아이템이 없어 고민하고 있는 잠재적 사회적 기업가들에게 창업을 위한 유용한 가이드라인이 될 수 있다.

　오픈 소셜 이노베이션 플랫폼이 비즈니스 인큐베이터로서의 역할까지 한다면 더욱 이상적이다. 사회적 기업을 운영한다는 것은 그 규모가 크든 작든 일종의 모험과도 같다. 경제적 성과뿐 아니라 사회적 성과를 얼마나 창출할 수 있을지는 매우 불투명하기 때문이다. 불확실성에서 비롯되는 온갖 비용을 감소시킬 수 있는 방법 중 하나는 바로 시범사업을 통해 원천 기술을 개발하고 경영 노하우를 정립해 성공 가능성이 높은 사회적 기업 비즈니스 모델을 보급하는 것이다. 이를 통해 우리 사회의 문제해결에 꼭 필요하지만 정작 공급자가 없는 많은 사회적 경제 영역에서 활발한 사회적 기업의 창업을 기대할 수 있다.

플랫폼 설계 시 고려사항

　오픈 소셜 이노베이션 플랫폼은 사회적 혁신 생태계의 도약을 위한 지렛대 역할을 한다. 하지만 지식 중개와 컨설팅, 인큐베이팅의 핵심 기능 외에도 오픈 소셜 이노베이션의 설계에 있어 고려해야 할 사항이 있다.

　먼저 사회적 의제에 대한 지도를 작성하는 것이 필요하다. 사회적 혁신 생태계는 흔히 일자리와 복지 문제를 해결할 수 있는 유력한 대안이자 더 나아가 사회적 문제해결의 새로운 수단으로 각광받고 있다. 그럼에도 우리는 사실 아직도 해결해야 할 사회적 문제가 무엇인지 그리고 그것이 얼마나 시급하고 중요한지에 대한 밑그림이 없는 상황이다. 우리 사회가 직면하고 있는 문제를 마치 현미경으로 정밀 진단하듯 세세하게 파악하여 목록화할 필요가 있다. 이는 현재 운영 중인 사회적 경제 조직들의 활동과의 대조를 통해 어떤 문제가 중요한지, 그것이 얼마나 해결되고 있는지, 방치되고 있는 문제는 무엇인지를 진단하기 위한 가장 기본적인 작업이다. 수익 극대화 원리를 지상 명제로 하는 자본주의 시스템의 부작용을 해소하는 것이 사회적 혁신 생태계의 핵심적인 가치인 만큼, 사회적 문제해결에 있어서 사각지대를 최소화하고 균등한 발전을 도모하려는 노력이 체계적으로 진행될 필요가 있다.

다음은 오픈 소셜 이노베이션 플랫폼에 누가 참여할 것인가에 관한 문제이다. 우리는 학계가 사회적 의제 설정자로서의 역할을, 경영 전략 전문가들은 멘토로서의 역할을, 시민들은 창의적 문제해결자로서의 역할을 담당해야 하며, 다양한 사회적 행위자들이 폭넓게 참여할 수 있어야 한다고 생각한다. 과거 실리콘 밸리에서 기업이나 대학, 연구기관 이외에도 은행이나 미디어, 컨설팅 그룹 등 다양한 집단의 네트워크가 기술 혁신을 주도했듯이, 사회적 혁신 또한 다양한 정보와 아이디어를 공유할 수 있는 여러 이해관계자들 간의 교류를 통해 일어날 수 있다.[70] 다양한 이해관계자의 참여는 피상적으로 보기에는 불협화음의 원인처럼 보이지만 잘 설계된 오픈 소셜 이노베이션 플랫폼에서의 이질적 집단 간 협력은 예상치 못한 시너지를 창출할 수 있다. 물론 플랫폼 참여자들을 위한 적절한 보상 체계를 수립하여 좀 더 적극적인 사회적 혁신 활동이 가능하도록 설계하는 것이 중요하다.

한편 사회적 경제에서 오픈 소셜 이노베이션 시스템을 설계할 때 풀어야 할 몇 가지 선결 과제가 있다. 첫 번째 과제는 사회적 경제 조직이 혁신을 선택이 아닌 필수로 여기도록 유도하는 혁신 추구 유인 체계를 만드는 것이다. 즉 현상 유지에 만족하기보다는 변화의 추구가 장려되는 여건을 제공해야 한다. 이를 위해 현재 시행되는 사회적 기업 지원 기준과 보조금 정책에 획기적인 변화가 필요하다.

두 번째 과제는 NIH 증후군Not Invented Here Syndrome 의 해소이다. 사람이나 기업은 대개 자신의 아이디어가 가장 확실하다고 생각하는 오류를 범하는데, 이는 종종 혁신의 장애물이 되곤 한다. 외부의 아이디어를 적극 활용할 수 있도록 정부 혹은 민간기업이 사회적 기업의 R&D 비용을 매칭 형태로 지원하고 오픈 소셜 이노베이션 플랫폼 활용을 의무 조건으로 부과하는 방법을 고려해볼 수 있다.

태동기의 사회적 혁신 생태계 1.0은 전반적으로 혁신 역량이 부족하고 투자 자원에도 여력이 없다. 그렇다고 모든 사회적 기업들이 기업 내부에 혁신 역량을 축적하기에는 지나치게 높은 비용과 오랜 시간이 소요되므로 이 또한 효과적이지 않다. 오픈 소셜 이노베이션 플랫폼은 사회적 비용을 최소화하면서 생태계 전체의 혁신 수준을 높일 수 있는 효과적인 대안이다.

전략2:
사회적 가치사슬을 구현하라

가치사슬^{Value Chain}이란 원재료, 노동력, 자원 등을 결합하면서 부가가치가 생성되는 과정을 의미한다. 다양한 자원을 효과적으로 결합하는 것이 중요한 이유는 사용한 자원보다 더 많은 가치를 생산해야 시장에서의 경쟁우위를 확보할 수 있기 때문이다.[71] 사회적 가치사슬은 이러한 경제적 가치사슬의 의미를 좀 더 확장시킨 개념이다. 사회적 가치사슬에는 기업 활동을 통한 민주적 의사결정과 효과적 사회 가치 창출이 포함된다는 점에서 기존의 가치사슬과 차이가 있다. 사회적 혁신 생태계에 있어 사회적 가치사슬의 구현이 필요한 이유는 무엇보다 사회적 기업의 제품 및 서비스의 경쟁력이 낮아 기업 활동의 지속가능성이 우려되며, 사회문제의 해결에 있어서도 그 효과성이 크지 않기 때문이다. 즉 사회적 속성과 경제적 속성 모두에 있어 가치 창출이 미진하기 때문이다.

사회적 가치사슬 활성화 전략 ① 강한 결합의 조직화

R&D, 생산, 유통, 판매 등 사회적 경제 조직의 활동에 필요한 유·무형의 자원을 효율적으로 결합하는 것, 즉 사회적 가치사슬을 긴밀하게 연결하기 위한 전략은 두 가지가 있다. 우리는 이에 강한 결합 형태Tightly Coupled Organizing와 느슨한 결합 형태Loosely Coupled Organizing의 방식을 제안한다.

강한 결합의 조직화 전략은 지주회사와 같이 대규모 사회적 기업을 설립하는 것이다. 지주회사란 여러 개의 자회사와 지휘·감독의 경영권을 가진 모회사로 구성된 기업 지배 구조의 한 형태이다. 지주회사와 같은 조직 형태는 혁신적 아이디어를 상업화하는 데 수반되는 일련의 비용과 위험을 최소화할 수 있는 강력한 장치라 할 수 있다. 지주회사는 사회적 기업의 규모의 경제를 통해 생산비용을 낮추고 사업 간의 협력과 연쇄효과를 높여준다. 또한 사업 위험을 분산시키며 투자자본을 조달하는 데에도 용이하다.

2014년 말을 기준으로 우리나라의 사회적 기업은 인증 사회적 기업이 1,251개, 예비 사회적 기업이 1,466개이다. 총 2,717개소의 사회적 기업에서 일하는 근로자 수는 27,923명에 이른다.[72] 하지만 우리나라 사회적 기업 한 곳이 고용하고 있는 인력은 평균적으로 10명 정도에 그친다. 우리나라 사회적 기업들이 매우 영세한 규모를 보이는 이유는 역사가 짧은 탓도 있지만, 정부의 사회적 기업 보조금이 50인 이하 사업장에만 지원되는 규제 탓도 크다. 그러나 사회적 기업이 반드시 작은 규모로 운영되어야 할 이유는 없다.

1985년 설립된 프랑스의 사회적 기업인 그룹 SOS^{Groupe SOS} 사례를 보자. 44개의 사회적 기업이 하나가 되어 움직이는 이 프랑스 기업은 2014년 기준으로 연간 매출이 약 9,000억 원에 달하며, 직원 수만 12,000명이 넘는 거대 규모를 자랑한다.[73] 전문 경영인 체제에 의해 움직이는 그룹 SOS는 회계나 인사 등 기본적인 기업 운영에서의 전문성 확보는 물론이고 자체적으로 투자 기관을 보유해 사회적 '기업'으로서 지속가능성을 높이기 위한 여건을 탄탄하게 가지고 있다. 그리고 교육, 노동통합, 임팩트 투자, 보건의료 등 다양한 분야의 전문성을 갖춘 자회사들이 함께 시너지 효과를 만들어 '사회적' 기업으로서 복합적인 사회적 문제를 해결하고 있다.[74]

⟨그룹 SOS⟩

프랑스의 GROUPE SOS(이하 '그룹 SOS')는 '소외 없는 사회'를 건설하기 위하여 경제적 효용과 사회적 효용을 결합한 혁신적인 솔루션을 제공하는 사회적 기업이다. 44개의 사회적 기업이 함께 모여 있는 유럽 최대 규모로 이들 조직들은 9천억 이상의 매출을 올리며 매해 프랑스와 전 세계 국가의 소외 계층들을 돕는 데 앞장서고 있다. 1985년 아쇼카 재단의 후원을 받아 장 마크 보렐로(Jean-Marc Borello)에 의해 만들어진 이 그룹은 하나의 사회적 문제에도 복합적인 원인이 있다는 것을 전제로 병원, 미디어, 사회투자, 재활센터 등 다양한 분야에 진출하여 단 한 사람의 대상자에게도 포괄적인 도움을 주며, 근본적인 문제 해결을 이루도록 하는 통합적 접근을 시도한다.

그렇다면 그룹 SOS는 30여 년의 세월 동안 어떻게 성장할 수 있었을까? 그룹 SOS의 지속적 성장 비결은 크게 세 가지 정도로 살펴볼 수 있다. 전문성, 경험을 바탕으로 쌓은 지식, 그리고 정부나 민간기업 등과의 탄탄한 파트너십이 그것이다.

그룹 SOS는 비영리조직이 아닌 '기업'이기에 높은 자격 요건을 갖춘 전문경영인을 고용할 뿐만 아니라 회계나 인사 관리 등의 업무에서도 고도의 전문성을 갖추고 있다. 30여 년에 이르는 세월 동안 축적된 경험을 바탕으로 사업 영역의 전문성 또한 확보하고 있는 것도 이들의 성장 동력 중 하나이다. 특히 사회공헌을 원하는 프랑스 유수의 토목회사와 합작사업을 벌이는 등 정부나 다른 민간기업과 돈독한 파트너십을 통해 판로를 넓혀간 것은 이들의 주요한 성공 비결이라 볼 수 있다.

그룹 SOS는 지속가능하면서도 사회 문제를 해결할 수 있는 사회혁신 기업 투자 전문기관인 CDI를 설립하고, 전과자나 마약 중독자들에 대한 훈련을 제공함으로써 이들을 일반 기업에 재취업시키는 등 교육, 노동통합, 임팩트 투자, 보건의료 등 다양한 분야에서 사회 혁신을 통해 가치를 창출하고 있다. 수십 개의 사회적 기업이 조밀하게 연결된 형태의 그룹 SOS 구조는 사회적 기업 간의 끈끈한 연계와 협력이 시너지 창출을 통해 지속가능한 성장으로 이어질 수 있는 대안적 모델을 제시해주고 있다.

그룹 SOS 사례는 우리나라 사회 혁신 생태계 조성에 중요한 이정표를 제시한다. 지속가능한 사회적 혁신 생태계를 조성하고자 한다면 영세한 사회적 기업수를 늘리는 데 급급해서는 안 된다. 오히려 동일한 지역에 위치하고 있으며 유사한 사회적 목적을 가진 기업들을 한데 묶어 교류와 협력의 비용을 감소시키고 사회적 가치의 시너지 효과를 높여야 한다. 특히 전략적 기획을 비롯한 재무·마케팅·인사·정보 등 경영관리 전반의 역할은 헤드쿼터인 모회사가 담당하도록 함으로써 그 효율성을 높이고 비용을 절감할 수 있다.

경제 침체에 대한 대응 능력

우리가 조직의 크기를 키우는 것이 사회적 기업의 모든 문제를 해결할 수 있는 만병통치약이라고 주장하는 것은 물론 아니다. 그럼에도 조직 규모의 확장은 기업의 새로운 성장 동력을 확보하고 경제적 위기로 인한 충격을 흡수하는 데 매우 효과적이다. 이런 점에서 스페인의 노동자협동조합인 몬드라곤Mondragon은 우리에게 중요한 교훈을 제공한다.

1943년에 설립되어 스페인의 바스크 도시 경제의 큰 기둥이자, 스페인 기업 서열에서 최상위권에 위치한 몬드라곤은 2013년 약 18조의 매출을 올렸고 전체 직원 수가 8만 명이 넘는 대규모 사회적 경제 조직이다. 사회적 경제에 관심이 있는 사람이라면 상당히 친숙한 사례일 수 있지만 여전히 눈여겨볼 대목이 있다. 몬드라곤은 일반 기업들처럼 연구소를 보유한 수준이 아니라 기술대학을 자체적으로 운영하며 이를 바탕으로 연구개발을 통한 기술 발전을 지속하여 새로운 사업 기회를 발굴하면서 사업을 확장해왔다. 특히 주목할 점은 기술대학에서 연구개발 뿐만 아니라 직업훈련 또한 제공함으로써 고용의 연속성을 확보하는 데 기여하고 있다는 점이다.[75]

CASE STUDY

〈스페인 몬드라곤〉

스페인 노동자협동조합의 대표기업인 몬드라곤은 2013년 산업 부문에서 58억 1,200만 유로(약 8조 1,538억 원), 소매 부문에서 70억 9,200만 유로(약 9조 9,495억여 원)의 매출을 올렸다. 이뿐 아니라 사회보장협동조합 라군아로와 노동인민금고를 통해 36만 2,000여 명의 고객이 조성한 금융자산 규모는 235억 1,200만 유로, 우리 돈으로 33조 원이 넘는다. 전체 직원 수도 8만 명에 달한다.

놀라운 사실은 몬드라곤이 1943년 겨우 인구 1만여 명이 모여 있는 스페인 도시 바스크의 작은 기술학교에서 출발했다는 점이다. 그렇다면 무엇이 이러한 몬드라곤의 성장을 가능케 했을까? 정답은 바로 '혁신'이다.

먼저, 몬드라곤은 기업 내에 기술대학 캠퍼스를 가지고 있다. 일반 기업들에서처럼 최첨단 기술을 개발하고자 연구소를 세우는 것에 그치는 것이 아니라 자체적인 대학 캠퍼스를 만들어 연구와 개발, 직원들의 훈련 등 다양한 활동을 전개하고 있다.

둘째, 사업의 다각화 전략이다. 몬드라곤의 경우 거의 모든 산업 분야에서 생산활동을 펼칠 정도로 사업영역이 포괄적이며, 다양한 자회사를 가지고 있다. 기존의 생산 활동에 더해 미래 시장 선점을 위해 신에너지, 건강과 식품, 정보기술(IT)과 이동통신, 노년기 제품과 서비스, 전기차 등 신소재 부문의 연구개발 또한 박차를 가하고 있다. 몬드라곤이 보유한 특허 수는 약 600여 개에 이르며 15개의 연구개발센터에서 2,000명 이상의 인력이 일하고 있다. 이렇듯 사업 영역의 다각화를 통해 불확실한 환경에서도 꾸준히 기업 활동을 유지할 수 있었다.

몬드라곤의 또 다른 특장점은 사업과 고용의 유연화를 통한 위험 관리에 있다. 2013년 말 몬드라곤은 그룹의 모태가 된 회사인 '파고르'가 문을 닫는 아픔을 겪었다. 파고르는 당시 유럽 5위의 가전회사로서 상당히 큰 규모였음에도 결국 경영난은 피할 수 없었다. 보통의 회사라면 이러한 파산에서 회생하고자 직원 감축 등 뼈아픈 구조조정을 단행했을 테지만, 몬드라곤은 이와는 다른 전략을 선택했다. 파고르는 파산 후 조합원인 직원 2,000여 명을 해고하기보다는 재교육을 실시하여 몬드라곤 내 다른 회사에서 재고용한 것이다. 이뿐 아니라 이익의 45퍼센트를 해당 협동조합 안에 유보하여 재투자하거나 위기에 대응하기 위한 용도로 활용하고 있다. 이 덕분에 지난 2008년 경제위기에도 몬드라곤은 해고 없이 버틸 수 있었다.

사회적 경제 조직 또한 실패할 수 있다. 협동조합이나 사회적 기업도 마찬가지로 이윤을 내지 못하면 결국 문을 닫을 수밖에 없기 때문이다. 기업이 직면한 위기에 대해 어떠한 완충장치를 갖추어 대처하는 것이 기업의 지속가능성을 높이는 길인지에 대해 몬드라곤 사례가 시사하는 바는 크다.

2013년 말 몬드라곤은 그룹의 가전 부문인 파고르의 사업을 폐지하였다. 그러나 파고르의 조합원인 직원 2,000명은 해고되지 않았다. 자체 기술대학에서 이들에게 직업 재훈련을 제공하고, 몬드라곤 내 다른 회사에서 재고용한 것이다. 경제적 위기 속에서 대규모의 실업자를 양산하는 구조조정을 시행하는 민간기업과는 달리 사회적 경제 조직인 몬드라곤은 재고용 전략을 통해 그 피해를 최소화할 수 있었다. 우리가 기대하는 성숙한 사회적 혁신 생태계란 바로 몬드라곤의 사례와 같이 경제적 충격이 있더라도 이를 흡수하고 회복하는 지속가능성을 갖춘 체계이다.

역사적 경험과 제도적 기반을 달리하는 몬드라곤의 사례를 우리나라에 기계적으로 적용할 수는 없을 것이다. 반복적으로 언급한 바와 같이, 우리나라 정부의 사회적 기업 정책은 일자리 창출을 가장 우선시하고 있다. 실제로 2014년 기준 인증 사회적 기업 1,251개소 가운데 '일자리제공형' 사회적 기업은 약 70퍼센트인 867개소에 달한다. 하지만 사회적 기업과 협동조합 지원 정책은 일자리 창출 효과에 치중한 나머지 고용 유지와 일자리 질 향상 전략에 대한 고민은 부족했던 것이 사실이다. 이런 점에서 볼 때 지주회사 체제와 직업재훈련 같은 고용서비스가 서로 결합되어야 사회적 경제 조직이 가진 장점이 극대화 된다는 것은 생태계의 사회적 가치사슬의 설계에 있어 주목할 대목이다.

사회적 취약 계층 고용의 안정성

사회적 경제 조직은 취약 계층의 고용이라는 중요한 사회적 목표를 가지고 있다. 사회적 기업이 생산하는 제품이나 서비스를 통해 사회문제를 해결할 수 있지만, 장애인 등과 같이 일반 노동시장에서 취업하기 어려운 계층을 고용하는 것만으로도 이들은 중요한 역할을 담당한다. 하지만 일반적으로 숙련 정도가 낮은 취약 계층이 종사하는 기업은 인적 자본의 역량이 떨어지기 때문에 기업 성장에 있어서 어려움을 겪는다. 성장의 정체가 지속되면 추가 고용이 힘들어지고, 나아가 조직의 지속가능성에도 타격을 입게 된다. 특히 조직이 영세하면 이런 어려움은 더 가중되는 경향이 있다. 정부의 인건비 보조금이 끊기는 순간 대다수 사회적 기업이 생존의 위기에 직면하는 것도 이러한 이유 때문이다.

그렇다면 취약 계층의 고용 효과를 극대화하면서도 지속가능성을 담보할 수 있는 방법은 없을까? 스웨덴의 장애인 다수 고용 조직인 삼할Samhall은 이 질문에 해결책을 제공하는 좋은 사례이다.

삼할은 스웨덴 내 200개 이상의 지역에서 약 2만 명을 고용하고 연 매출이 70억 SEK(한화로 약 9,130억 원)에 달하는 최대 규모의 스웨덴 국영기업이다. 삼할에서 일하는 근로자의 80퍼센트는 장애인 근로자이며, 특히 지적장애나 복합 장애를 가진 사람을 40퍼센트 이상 우선적으로 고용하는 것을 원칙으로 삼고 있다. 사업 분야는 서비스, 통신, 자동차 관련 부품 생산, 가구와 가정용품 등 매우 다양하다. 일반 기업과는 달리 회사 규모를 키우고 사업 분야를 다각화하면서 장애인을 위한 내부 노동시장을 만들어 놓은 것이다. 특히 매년 5퍼센트 이상의 장애인을 일반 사업장으로 전직시키는 것이 기업의 핵심 목표이며, 전직이 용이하도록 장애인의 임금 수준은 시장의 임금 수준보다 다소 낮게 설정되어 있는 것이 특징이다.

장애인을 보호고용에서 일반고용으로의 전환을 유도하는 제도적 장치가 없었던 영국의 램프로이Remploy 공사가 결국 민영화가 되었던 사실은 위의 삼할 사례와 극명한 대조를 이룬다. 1944년에 국영기업으로 설립된 램프로이는 전국 각 지방에 90여 개의 공장을 가지고 한때 1만여 명의 장애 인력을 고용했던 대규모 사회적 경제 조직이다.[76] 장애인 숙련 인력을 일반고용으로 전환하는 장치가 있다면 정부의 인건비 보조금 인상에 의존하지 않고도 새로운 장애인 인력을 추가로 고용할 수 있다. 그러나 이러한 제도를 갖추지 못했던 램프로이는 1980년대 이후 재정위기 속에서 강화된 정부의 재정적 보수주의 아래 보조금 삭감을 경험할 수밖에 없었고 결국 민영화로 내몰리게 되었다.[77] 기업의 재정적 지속가능성에 기여하는 안전장치의 부재로 장애인 계층의 고용보호가 포기된 셈이다.

〈스웨덴 삼할〉

삼할은 2014년 현재 200여 개의 지역에서 약 2만 명을 고용하고 있으며 연매출이 약 70억 SEK(한화로 약 9,130억 원)에 달하는 스웨덴 국영기업이다. 1980년 스웨덴 공동산업재단 산하에 지방자치단체 중심의 보호공장들이 개편·통합되어 설립된 삼할은 장애인 및 중증장애인을 고용하여 숙련공으로 양성한 뒤 이들이 일반 기업체로 전직할 수 있도록 지원하는 것을 주요 목표로 한다.

삼할은 장애인에게 차별 없는 취업 기회를 보장할 뿐만 아니라, 작업편성, 인력개발, 작업환경관리 등 모든 작업 과정을 팀워크로 진행한다는 점에서 다른 장애인 고용 기업들과 차별화된다. 특히 매년 5퍼센트 이상의 장애인들을 일반 사업장으로 전직시키는 것이 기업의 핵심 목표인데, 이러한 보호고용에서 일반고용으로의 전환은 삼할의 지속가능성을 유지하는 데 있어 핵심적인 요소에 해당한다. 물론 이는 가사 관리나 점포 관리와 같은 서비스 분야, 통신, 자동차 관련 부품 생산 등의 산업 분야에서부터 가구와 가정용품 등 생산 분야에 이르기까지 약 1만 가지의 생산 활동을 통해 사업적으로도 상당한 경쟁력 기반이 갖추어져 있기에 가능한 일이다.

대규모 장애인 고용 기업이라는 점에서 스웨덴의 삼할은 과거 영국의 램프로이 공사와 유사한 측면이 많다. 영국 또한 1944년 '장애인 고용법'에 의거하여 정부가 전액 출자하여 램프로이 공사를 설립하였다. 램프로이는 정부의 후원을 통해 전국 각 지방에 90여 개의 공장을 가지고 1만여 명의 장애인력을 고용하는 영국 내 가장 큰 조직에 해당하였다. 하지만 램프로이 공사의 경우 영국 보수당 정권의 집권 이후 보조금이 대폭 삭감되면서 결국 민영화의 길로 접어들게 되었다. 정부의 후원 없이는 사업을 꾸준히 운영하는 것이 불가능했던 것이다.

삼할의 경우에도 한때 심각한 구조조정을 거쳤던 경험이 있다. 그러나 재활사업에 수익활동을 개선하고 지자체와 협력해 노동시장 통합 서비스 사업을 추진한 결과 기업의 위기를 잘 이겨냈다는 점에서 램프로이 공사와는 차별화된다. 특히 삼할은 매년 지속가능성 보고서(Sustainability Report)를 발간하고 사회·경제·환경 측면에서의 균형 있는 발전 전략을 수립하는 등 지속가능한 기업활동을 위해 다양한 노력을 전개하고 있다. 결국 삼할의 사례는 사회적 가치 창출을 위해서는 지속가능성을 높이는 제도적 장치가 중요함을 보여준다는 점에서 의의가 있다.

사회적 가치사슬 활성화 전략 ② 느슨한 결합의 조직화

사회적 가치사슬을 강화하기 위한 또 다른 전략은 통합 수준은 낮추되 사회적 기업 간의 교류와 협력을 강화하는, 이른바 느슨한 결합의 조직화에서 찾을 수 있다. 관련 분야의 상류Upstream와 하류Downstream에 위치해 있는 사회적 기업 간의 네트워킹을 촉진하는 것이 그것이다. 이는 중간지원 조직의 기능 강화를 통해 실효를 거둘 수 있으며, 앞서 설명한 지주회사 설립에 비해 비교적 빠르게 실현이 가능하다는 점에서 이점이 있다.

그렇다면 실제 교류의 연계는 어떻게 나타날까. 그리고 현실적으로 어떤 결과를 만들어낼 수 있는가.

장애인 복지 분야에서 교육 훈련을 담당하는 사회적 기업과 장애인 고용에 목적을 둔 사회적 기업 간의 연계 사례를 살펴보자. 지적 장애인에게 생애주기별 맞춤형 사회서비스를 유료로 판매하는 '함께하는 우리'는 흔치 않은 사업 모델을 가지고 있다. 사회서비스 사각지대에 놓인 발달장애인을 도와 사회적 가치를 창출하고 있다는 점도 훌륭하지만 조직의 성적표도 탁월하다. 1997년에 설립되고 2008년에 사회적 기업으로 인증을 받은 후, '함께하는 우리'는 매출액이 500퍼센트 향상, 직원 규모는 10배 이상 증가, 급여 또한 1.5배 이상 인상이라는 괄목할 만한 성과를 창출했다.

'함께하는 우리'의 성공 비결 중 하나는 직업훈련과 취업의 고리를 탄탄히 했다는 데 있다. 이는 직업훈련을 받은 발달장애인을 고용하는 사회적 기업과의 협약을 통해 가능했다. 구직처의 입장에서도 인력 채용에 드는 비용을 절감하고, 직무 능력을 갖춘 장애인 인력을 고용할 수 있는 기회를 얻을 수 있었다. 사회적 기업 간의 네트워킹이 가져올 수 있는 상생 효과인 셈이다.[78]

CASE STUDY

〈함께하는 우리〉

'함께하는 우리'는 지적장애인 생애주기별 맞춤 사회서비스를 제공하는 사회적 기업으로서 1997년 일산 장애인아동지원센터원으로 개원한 것이 그 출발이다. 지역의 발달장애인을 장애 정도로 나눠 음악·미술·언어치료를 하는 상담 교육사업, 사회스포츠 재활사업, 진학과 취업에 대한 직업사회통합사업, 취업연계 프로그램, 기획창업사업 등을 운영하고 있다.

'함께하는 우리'는 일반적인 사회적 기업과는 사뭇 다르다. 보통의 사회적 기업들이 장애인을 고용함으로써 수익을 창출하는 반면, '함께하는 우리'는 장애인에 대한 맞춤서비스를 제공한다는 점이 바로 그것이다. 이들은 장애인 당사자와 그 가족의 생애주기별 필요에 따라 프로그램을 개발하고 그를 통해 수익을 얻는 전략을 취하고 있다.

'함께하는 우리'의 강점은 교육과 취업의 연계에 있다. 장애인 복지에 뜻은 있지만 전문 자격증이 없는 여성 경력 단절자나 청년 실업자의 복지 관련 자격증 취득을 도와 직원으로 채용하는 한편, 장애인이 질적으로 담보된 고용 현장에서 일하기 어려운 현실을 감안해 장애인을 다수 고용하는 사회적 기업의 사업장으로 취업을 연계하는 것이다. 특히 사회적 기업 간의 성공적인 네트워크를 바탕으로 장애인과 기업의 윈윈이 가능하다는 점, 그리고 벌어들인 수익을 지역에 재투자하여 사회에 환원하고 있다는 점에서 모범이 되고 있다.

'함께하는 우리'가 두드러지는 또 다른 이유는 양적으로뿐만 아니라 질적인 성장을 보여주고 있다는 점이다. 2008년 사회적 기업 인증을 받고난 뒤 매출액이 500퍼센트 이상 오르고 직원 규모 또한 10배 이상 늘어났다는 점에 더하여 직원의 평균 근속 기간이 다른 기관보다 8년 정도 길고, 직원을 모두 정규직으로 전환했을 뿐 아니라 급여 또한 1.5배 이상 인상하는 등 양적·질적 측면에서 괄목할 만한 성과를 나타내고 있다.

'함께하는 우리'는 지금까지 정부가 제공하던 사회서비스를 민간의 사업 방식과 접목하고, 지역 장애인과의 상생을 추구하면서 사회적 가치를 창출한다. 특히 기존에 정부가 해결하지 못한 발달장애인 사각지대의 고충을 해소하는 데 기여하고 있다는 점에서 높이 평가된다.

앞서 살펴본 것처럼, 우리나라의 사회적 기업 간의 교류와 협력은 활발하지 못하다. 같은 지역에 있는 타 사회적 기업과 교류를 하고 있다고 응답한 기업은 전체의 40퍼센트에 불과하며, 그나마 이마저도 홍보와 판매에 집중되어 있어 실질적인 협력이 이루어진다고 보기 어렵다.

그렇다면 흩어진 사회적 경제 조직들의 연계는 어떻게 가능할까. 사회적 혁신 생태계의 중추에 해당하는 느슨한 결합 형태Loosely Coupled Organizing를 만드는 해법은 어디서 찾아야 하나.

그것은 바로 중간지원 조직의 기능과 역할을 대폭적으로 강화하는 데 있다. 우리나라의 경우, 중간지원 조직은 정부로부터 위탁을 받아 사회적 경제 조직에 대한 각종 지원 기능을 수행하는 지역별 조직들이 대표적이다. 또 다른 중간지원 조직의 형태는 사회적 기업 등의 협회나 민간 비영리 조직의 형태로 운영된다.

사회적 경제 부문에서 가장 유명한 사례는 우리나라 언론에도 자주 소개된 미국의 아쇼카 재단이다. 아쇼카는 1980년 설립된 이래, 전 세계 73개국에서 약 3000여 명의 야쇼카 펠로우 사회적 기업가들을 배출하는 성과를 거두고 있는데, 아쇼카 재단이 수행하는 사업들의 특징은 네트워킹의 순기능을 극대화하는 데 초점을 맞추고 있다는 점이다. 예를 들어 파격적인 지원 조건으로 널리 알려진 사회적 기업가 지원 프로그램은 아쇼카의 사회적 기업에서 활동하고 있는 여타 여러 전문가들의 경험과 노하우를 전수받을 수 있는 기회를 제공한다. 또한 사회적 혁신가들 간의 교류와 협력, 공유가 활발하게 이루어질 수 있도록 아쇼카가 교량 역할을 함으로써 상호학습의 기회를 제공한다. 사회적 기업의 성공 기반을 강화하는 다양한 사업들을 통해, 투자자와 사회적 기업을 연결하고, 사회적 기업 간의 전략적 제휴를 도와주며 사회적 기업과 민간기업의 연결 고리가 되어주는 것이다.[79]

CASE STUDY
〈아쇼카 재단〉

아쇼카는 본래 기원전 3세기, 인도 최초로 통일 제국을 건설하고 경제와 문화를 번영시킨 왕의 이름이다. 미국 워싱턴 DC에 본부를 둔 비영리단체이자 세계적인 사회적기업인 아쇼카 재단은 아쇼카 왕이 인도를 번영시킨 것처럼 세상을 변혁시킬 선도가를 육성하자는 취지에서 설립된 단체다. 아쇼카는 1980년 설립된 이래, 전 세계 73개국에서 약 3000여 명의 아쇼카 펠로우인 사회적 기업가들을 배출하며, 사회적 기업들이 아이디어를 공유하고 영감을 얻으며 서로에게 멘토가 되도록 지원하고 있다. 이들은 아쇼카 재단의 도움을 받아 전 세계 각지, 특히 제3세계에서 빈곤 퇴치와 교육운동 등에 헌신하며 의미 있는 변화를 일구고 있다. 2006년 노벨평화상을 수상한 방글라데시 그라민은행 창립자 무함마드 유누스 교수도 아쇼카 재단의 지원으로 사회적 기업을 일군 케이스라 할 수 있다. 아쇼카 재단의 사회적 기업 지원 방식은 크게 다음 세 가지로 요약할 수 있다.

1) 사회적 기업가에 대한 지원
아쇼카 재단의 투자 대상은 많은 부분 사람을 중심으로 이루어진다. 세계 곳곳에서 활동하는 뛰어난 사회적 기업가를 찾아 이들이 필요로 하는 기회와 자원을 제공하는 것이다. 아쇼카 재단의 지원대상으로 선정되면 평균 3년 동안 생활비와 함께 다른 사회적기업가와의 글로벌 네트워크에 참여하게 될 뿐만 아니라 전문 컨설턴트와 협력할 수 있는 기회를 제공받게 된다.

2) 사회적 기업가 네트워킹
아쇼카 재단은 전 세계의 회원들이 서로 배우고, 중요한 정보와 세상에 대한 통찰력을 나누며, 사업 진척을 위해 장비들을 공유할 수 있도록 중간에서 상호 협력을 지원해준다. 이러한 그룹 정신의 활성화는 사회적 기업가 개개인의 성공을 이끌 뿐만 아니라 아쇼카 재단의 입장에서는 최적의 조건과 최첨단 경향을 찾아 더 광범위한 대상과 영역에 적용하는 시너지를 가능케 한다.

3) 인프라 구축

여느 기업과 마찬가지로, 사회적 기업 또한 성공하여 유지되려면 기업에 필요한 구조적인 지원이 뒷받침되어야 한다. 때문에 아쇼카 재단에서는 사회적 기업 분야의 성장과 확장을 위한 인프라를 구축함으로써 사회적 기업에 대한 초기 투자자본과 기업 간 교량 역할, 아카데믹 섹터, 그리고 사회적·경제적 가치를 이끄는 전략적인 제휴 등을 이루어내고 있다. 특히 아쇼카 재단에서는 다른 섹터와의 협력이 매우 중요하다고 보며, 기업이 가지는 경쟁과 혁신의 성격은 시민단체에 꼭 필요한 점이라고 여기는 것이 특징이다.

강력한 중간지원 조직은 사회적 혁신 생태계의 다양한 행위자들의 거리를 좁혀주고 협력하는 데 마중물의 역할을 한다. 하지만 우리나라 중간지원 조직들 중 다수는 네트워킹 기능을 제대로 수행하지 못하는 실정이다. 네트워크 사업을 표방하는 지원 내용이 일회성 행사 성격인 경우가 많으며, 사회적 혁신가 간의 긴밀하고 지속적인 관계를 만들어내는 사업은 드물다.

이는 부분적으로 중간지원 조직의 한정된 예산과 인력 부족의 문제에서 기인한다. 하지만 본질적으로는 정부로부터 위탁을 받아 운영되는 중간지원 조직이든, 사회적 기업 당사자들의 모임인 협회든, 정부와 민간의 보조금에 의존하는 비영리 중간 조직이든 간에 그들이 지원을 받는 보조금은 단기적인 가시적 실적을 보여줄 수 있는 사업비로만 활용돼야 한다는 오해에서 비롯된 탓이 크다. 간접지원 성격의 네트워킹 사업은 단기간 내에 가시적 성과를 보여주기도 어렵고 목표한 성과가 나오기까지는 지속적인 노력이 필요하지만, 성과가 산출되는 단계에 도달하게 되면 그 파급효과는 매우 크다. 아직까지 네트워킹의 성과에 대한 올바른 인식이 부재하다는 사실은 매우 안타까운 일이다.

04

전략3:
혁신적 협력 거버넌스를 구축하라

정부의 선도적 역할과 지원에 의해 만들어진 사회적 혁신 생태계 1.0 단계에서도 일부 대기업들이 책임 경영의 일환으로 사회적 기업을 직접적 혹은 간접적으로 지원하는 프로그램을 운영하는 것을 관찰할 수 있다. 하지만 사회적 혁신 생태계 진화에 중추적인 역할을 수행하는 정부와 대기업 간에 생산적 대화와 협력이 결여되어 있다는 점은 생태계 1.0 단계의 결정적인 한계라 할 수 있다. 이는 사회적 경제 생태계가 진정한 혁신 생태계로 도약하는 데 반드시 극복해야 할 과제이다.

협력적 파트너십의 중요성

생태계 차원에서 볼 때 정부와 민간기업 간의 협력과 조정이 부재하다는 사실은 전통적으로 구분되어온 공공 영역과 시장 영역의 교차점에 위치하는 사회적 경제의 균형적 발전에 있어 매우 부정적이다. 사회적 기업의 양적 확대에 초점을 맞춰온 정부 지원 방식은 혈세의 수혈 없이는 생존이 불가능한 절름발이 사회적 기업을 양산한다. 대기업이라는 든든한 배경을 가진 소수의 사회적 기업은 비교적 안정적인 기반을 확보하지만, 그 외 다수의 사회적 기업들의 성장을 위한 자원 동원 기회는 상대적으로 줄어든다. 정부와 대기업의 전폭적인 지원을 받는 사회적 기업들의 존재가 정부 정책의 홍보와 대기업 이미지 개선에는 도움이 되지만, 사회적 혁신 생태계의 지속가능한 발전에는 기여하지 못하는 이유가 여기에 있다.

정부, 기업, 시민사회가 각기 다른 목표와 성과를 기대하며 개별적으로 진행하는 사업 모형들만으로는 핵심적인 사회문제의 발견과 효과적인 해결이 불가능하다. 이러한 근본적 사회문제를 제대로 공략하려면 공공과 민간의 지속적인 파트너십이 가능한 협력적 거버넌스가 사회적 혁신 생태계 내부에 견고히 구축되어야 한다.

캐나다 밴쿠버 시 정부가 장기 실업자들의 고용 문제를 해결하고자 고안한 사회적 구매 포탈Social Purchase Portal, SPP 프로그램은 흩어진 참여자들을 연결해주는 거버넌스가 얼마나 중요한지를 보여주는 실례다. SPP는 실업 문제를 해결하기 위한 기존의 고용서비스의 문제점에 대한 진지한 반성에서 출발하였다. 기존의 공급자 시각에 갇혀 있는 고용서비스로는 그 실효성을 거둘 수 없다고 보고, 고용주와 구직자의 필요를 충족하는 데에 초점을 맞추는 방향으로의 전환을 모색한 것이다. 수요자 중심의 시각을 적용한 협력적 거버넌스는 SPP를 통해 다음과 같이 구현되고 있다.

SPP는 IT훈련을 받은 구직자(고용서비스 제공기관), 구직자를 채용하는 IT기업(공급업체), 구직자가 채용된 기업의 서비스를 구매하는 기업(구매업체)이라는 세 조직을 연결시켜주는 동시에, 공급업체와 구매업체간 협약이 체결될 수 있도록 도움을 제공 한다.[80] 이를 통해 정부는 실업문제를 해결하고, 공급업체는 고용을 통해 안정적인 판로 확보라는 인센티브를 얻는 한편, 구매업체는 사회적 가치와 경제적 가치가 결합된 사회적 책임을 이행 할 수 있다.

CASE STUDY
⟨캐나다의 '사회적 구매 포탈'⟩

캐나다의 밴쿠버 시 정부는 2004년 새로운 '사회적 경제' 전략의 일환으로 '사회적 구매 포탈(Social Purchase Portal, 이하 SPP)'을 추진하였다. SPP는 다양한 가치들의 융합으로 생산되는 재화와 서비스의 영역, 공급기업과 구매업체, 정부기관 사회적 경제 조직들에 관한 기본 정보를 제공하는 포탈서비스 네트워크이다.

SPP의 탄생은 2001년 밴쿠버의 동부 빈민지역에서 정부관계자, 공동체 개발 및 고용서비스 조직 대표들이 모여 장기실업자들의 고용 문제에 대한 전략을 논하는 모임으로부터 출발하였다. 이들은 실업자를 고용하는 과정이 공급자 중심의 서비스에 치우쳐 있다는 문제점에 주목하였다. 서비스 제공자들 사이의 지나친 경쟁으로 인해 고용주와 구직자의 욕구가 충족되지 못한 채 실적 위주의 고용만이 이루어지고 있었기 때문이다. 이에 밴쿠버 시 정부는 SPP를 통해 사회구매에 있어 '공급' 중심 서비스 제공에서 벗어나 '수요' 모델로 접근하려는 노력을 시도하였다.

SPP는 먼저 IT산업의 저기술 일자리를 타겟으로 삼아 장기실업자를 고용한 회사와 그 회사에서 생산하는 제품을 필요로 하는 구매회사들 사이에 계약을 맺도록 하였다. 이 과정에서 공급회사들은 장기실업자를 채용해 '사회적 가치'를 가진 제품을 생산하는 한편 이들과 계약을 체결한 기업들은 '사회적' 가치와 '경제적' 가치를 융합한 제품을 구매한다. 그에 따라 생산측과 구매측 기업 모두 사회적·윤리적 생산과 구매를 통한 사회공헌 활동을 수행할 수 있다.

이렇듯 재화와 서비스를 구매함에 있어 시장수요와 사회적 목표 간의 긴밀한 결합을 가능하게 해주는 것이 바로 SPP의 핵심이다. 특히 SPP는 참여 기업들로 하여금 별도의 비용을 부담하지 않고도 사회공헌을 달성하게 해준다는 점에서 매력적이다. SPP를 통해 장기실업자들은 고용기술교육을 받아 취업함으로써 실업문제를 해결할 수 있고, 참여 기업들은 사회적 책임을 이행할 수 있다. 나아가 실업자들의 고용을 통해 정부는 복지서비스에 대한 부담을 줄이고 경제의 활성화를 기대할 수 있다. 고용과 사회적 책임, 그리고 사회문제 해결이라는 이른바 세 마리 토끼를 동시에 잡을 수 있는 것이다.

혁신적 협력 거버넌스의 설계

자생력이 약한 사회적 혁신 생태계 1.0에서 성숙된 생태계로 도약하려면 정부와 기업 간의 긴밀한 협조가 필수적이다. 이들 중추적인 이해관계자들이 보유하고 있는 자원과 역량을 중복과 낭비 없이 적재적소에 활용하려면 효과적인 조정 기능을 갖춘 혁신적 협력 거버넌스의 구축과 운영이 필요하다. 혁신적 협력 거버넌스는 다양한 참여자들에 의한 협치를 바탕으로 한 의사결정 과정이며, 참여자들의 책임과 권한을 명확히 하는 기제이다.

혁신적 협력 거버넌스의 주요 참여자는 정부, 민간기업, 그리고 시민사회로 구성된다. 거버넌스 기구의 형태는 상위와 하위로 구성된 중층적 구조로 설계되어야 한다. 민간부문 내에서의 거버넌스, 공공부문에서의 거버넌스를 설계해 각 부문별 하위 거버넌스 기구를 만들고 그 위인 2층에 민과 관이 함께하는 상위 거버넌스를 올려놓은 형태이다. 1층에 위치한 민간 거버넌스 기구는 민간기업 간의 협력과 조정을 촉진하는 것을 목적으로 한다. 특히 기존의 사회공헌 활동과 사회적 기업 지원 프로그램이 통합되지 못하고 분절된 형태로 추진되면서 나타난 비효율성을 먼저 개선하는 것이 필요하다. 즉 민간기업 내부의 분절화된 사업추진체계의 통합이 선행되어야 한다. 마찬가지로 공공 부문 거버넌스 기구는 중앙정부 부처 간의 협력, 중앙정부와 지방정부 간의 협력과 조정을 촉진하기 위한 것이다.

사실 거버넌스 기구의 형태를 어떻게 설계하느냐보다 더욱 중요한 것은 민과 관의 관계구도를 어떻게 재정립하는가 하는 것이다. 정부가 우월적 위치에서 대기업으로 하여금 사회적 혁신 생태계 거버넌스로의 참여를 강제한다거나 사회적 경제 발전을 위한 재원 조성을 대기업에게 떠넘기려 한다면 거버넌스의 효과적인 작동은 기대하기 어렵다. 그간 다양한 정책 영역에서 정부와 기업 간의 거버넌스 구축을 시도해왔음에도 성공 사례를 발견하기 어려운 이유는 바로 표면적인 파트너십 이면에 이른바 '갑을 관계'가 존재하고 있었기 때문이다. 사회적 혁신 거버넌스 성공의 첫 관문 또한 민간을 대하는 정부의 태도 변화에 있다고 해도 과언이 아니다.

정부의 역할

사회적 혁신 생태계 조성에 대한 민과 관의 공감대와 진정한 파트너십이 전제된다면 다음으로 거버넌스 설계에서 고려해야 할 사항은 정부와 민간의 역할 분담과 책임의 범위 설정이다.

정부의 역할은 무엇이며, 어디까지 필요한가.

사회적 혁신 생태계 조성에 민간기업의 참여가 활성화된다면 정부가 '해야 할 일'과 '하지 말아야 할 일'이 분명해진다. '하지 말아야 할 일'은 기존에 해왔던, 그리고 향후 계획하고 있는 사회적 경제와 관련된 정책 중 정부가 직접 집행하기보다는 민간기업의 경험과 자원을 활용함으로써 정책의 실효성을 높일 수 있는 것들이 해당된다. 상징적인 사례로 지방정부가 개설한 사회적 기업 온라인 마켓을 꼽을 수 있다. 정부가 운영하는 상당수의 온라인 마켓은 소비자들의 냉담한 반응은 물론이고, 홈페이지 관리조차 제대로 안 되고 있는 형편이다. 굳이 정부에서 온라인 마켓을 설치하고 운영하기보다는 오히려 소비자들이 기존에 친숙하게 이용해오던 민간의 온라인 마켓에 사회적 기업 판매 코너를 포함시키는 것이 훨씬 효과적일 것이다.

인건비 보조 등 직접 지원보다는 사회적 기업의 경영 역량 전반의 향상을 목표로 하는 간접지원 강화 정책은 2014년 고용노동부의 사회적 기업 사업계획에서 확인할 수 있는 최근 정부 정책의 변화이자 2014년 10월에 발의된 「사회적경제기본법」의 핵심적인 내용에 해당한다. 그러나 실제 간접 지원 사업에 있어서도 정부가 해야 할 일과 그렇지 않은 일을 구분하고, 민간기업과의 파트너십을 활용함으로써 정책의 효과성을 높일 수 있을지에 대해 고민하는 등 세부사항에 대한 보다 면밀한 검토가 필요하다.

'해야 할 일'은 크게 보면 사회적 성과 관리Social Impact Management 강화와 민간기업 유인 체계 수립으로 요약된다. 먼저 사회적 성과 관리와 관련해, 정부는 부처간 협력을 토대로 통합적 정책 관리와 생애주기별 정책 지원을 실시하고, 사회적 경제 조직에 대한 직접 지원보다는 간접 지원을 강화해야 한다. 또한 사회적 금융을 위한 법률적 기반 조성, 사회적 기업 선정 기준 및 유형 재정의 등과 관련된 법률 재정비, 중간지원 조직의 지원 강화, 사회적 기업 평가시스템 구축, 우수 사회적 기업 지원 대책 강화 등도 긴요하다.

정부의 또 다른 역할 중 하나는 사회적 경제 조직에 대한 민간 기업의 지원이 활발해질 수 있도록 이들을 장려하는 역할을 하는 데 있다. 이것이 뒷받침되려면 정부가 민간기업의 사회적 혁신 생태계에 참여하는 민간 기업에게 유무형의 보상을 제공하는 것이 필요하다. 예를 들어 사회적 기업 제품이나 서비스를 구매하는 기업에게 정부가 세제혜택 등의 보상을 제공하는 것을 생각해볼 수 있다.

최근 판로 개척에 어려움을 겪고 있는 대다수의 사회적 기업을 위해 공공구매 제도를 법률화하려는 움직임이 있다. 공공구매 제도는 꼭 필요하긴 하지만, 기존 구매업체와의 형평성 및 지원기관 선정의 공정성에 있어 논쟁을 야기할 수 있고 그 실효성 또한 크지 않을 것이라는 비판이 제기되고 있다. 일각에서는 정부에만 의존하는 사회적 경제 조직이 양산되어 사회적 기업의 경쟁력을 약화시키는 독으로 작용할 것이라는 주장까지 제기되는 실정이다. 공공구매 제도의 이러한 한계를 보완하는 방법 중 하나는 사회적 기업의 제품에 대한 민간기업의 구입, 즉 민간구매 제도를 도입하는 것이다. 민간구매의 제도화는 정부가 수요독점이라는 상황을 피하면서도 사회적 경제 조직의 수요기반을 크게 확대할 수 있는 방안이다.

사회적 경제의 역사가 긴 이탈리아는 사회적 협동조합의 판로를 민간 기업에 연계하는 영리한 전략을 구사하고 있다. 일정 규모를 가진 민간 기업들은 법률에 의해 취약 계층을 의무적으로 고용해야 하는데, 사회적 협동조합의 물품을 구매할 경우 의무 고용을 면제하는 규정을 만들어 시행하였다. 그 결과 민간기업의 납품처가 된 사회적 경제 조직은 좀 더 안정적인 성장 기반을 갖추게 되었다.[81] 우리나라의 경우도 장애인 의무고용제도가 시행되고 있고, 이를 지키지 않을 경우 부담금을 내도록 하고 있다. 그럼에도 많은 기업들이 이 규정을 지키지 못하고 있으며, 해당 사안에 대해 기업 부담금을 높여 장애인 인력 고용을 촉진해야 한다는 주장과 장애인 인력 고용이 현실적으로 어려운 기업에게 부담을 주지 말아야 한다는 주장이 팽팽히 대립하곤 한다. 이탈리아의 사례에서 보듯 민간 기업에 대한 규제 방식을 조금만 변형하면, 기업은 기업대로 사회적 혁신 생태계의 발전에 기여하고, 취약 계층을 고용하는 사회적 기업은 더욱 성장하면서 전체적인 사회적 후생은 증가할 수 있다.

CASE STUDY
〈이탈리아의 취약 계층 고용 의무 비율 면제〉

이탈리아에서 사회적 협동조합 관련법은 10년이라는 긴 시간의 논의 속에서 완성되었다. 그리고 이를 기반으로 한 다양한 정책이 실시되고 있다. 사회적 협동조합에 대한 이탈리아 정부의 제도적 지원은 여러 형태로 나타나는데, 그중 대표적인 것이 바로 취약 계층 고용에 대한 의무 면제 조항이다.
이탈리아 법률은 50명 이상을 고용한 사업장의 경우 최소 7퍼센트의 직원을, 15명 이상을 고용한 사업장은 최소 한 명 이상을 취약 계층에서 고용하도록 강제하고 있다. 그러나 취약 계층을 직접 고용하지 않아도 되는 방법이 있는데, 바로 고용 법령을 준수하는 다른 사회적 협동조합과 구매 계약을 진행하는 것이다. 취약 계층을 고용하여 사업을 운영하는 사회적 협동조합과 사업 계약을 체결할 경우 해당 법령을 준수한 것으로 해석되며, 그에 따라 취약 계층 고용 의무가 면제된다. 이 때문에 이탈리아 사회적 협동조합 고객의 대부분은 공공기관이 아닌 민간 기업이며, 이러한 정부의 제도적 지원을 통해 사회적 협동조합은 사회서비스 품질 향상 및 운영의 효율화, 나아가 지역 내 일자리 창출이라는 다양한 사회적 목표 달성에 크게 기여하고 있다.

사회적 혁신 생태계를 만드는 데 민간기업의 잠재적 역할은 매우 크다. 그러나 근본적으로 수익논리를 우선하는 민간 기업에게 사회적 역할을 강조하며 부담을 떠넘기면 안 되는 것 또한 사실이다. 결국 기업의 사회적 책임 경영을 유도하는 경제적 인센티브를 발굴·확대하는 것이야말로 파트너십에 기초한 거버넌스에서 정부가 담당해야할 핵심적 역할이다.

민간기업의 역할과 기능

그렇다면 사회적 혁신 생태계에서 민간기업의 역할은 무엇이며 우리는 이들에게 무엇을 기대할 수 있을까.

대기업이 직접 사회적 기업을 운영하고 지원하는 방식만으로는 사회적 혁신 생태계 자체가 업그레이드 될 수 없다. 기업은 직접 지원보다는 간접 지원에 중심으로 두도록 대폭적인 역할 전환이 필요하다. 이를 통해 기업이 보유한 자원과 전문성이 다양한 사회문제 해결에 좀 더 폭넓게 효과적으로 활용될 수 있도록 모색하는 것이 바람직하다.

아쇼카 재단의 〈Making More Health〉 프로그램은 대기업의 바람직한 역할을 보여주는 교과서와 같은 사례이다. 사업의 후원자이자 파트너인 베링거인겔하임은 세계적인 다국적기업 중 하나로서 국제적 차원에서 보건의료 문제를 해결하기 위한 활동을 진행하고 있다. 2010년부터 시작된 이 프로그램은 정부 혹은 시장이 효과적으로 대처하고 있지 못한 보건의료 분야에 주목하여, 해당 이슈를 발굴하고 이를 해결하고자 하는 사회적 혁신가들을 선정하여 이들이 사회적 기업을 만드는 것을 지원한다.

베링커인겔하임은 이 프로그램을 통해 재정 지원뿐만 아니라 보건의료 분야의 프로젝트 관리 노하우, 기술, 네트워크 등을 제공하는 데 있어 중추적 역할을 담당하고 있다. 일례로, 독일에서 진행되는 'Discovering Hands' 프로젝트는 시각장애인에게 유방암 진단법을 교육시켜 보건의료 분야의 사각지대를 해소하는 한편 시각장애인들에게 취업의 기회 또한 제공해주고 있다.[82] 〈Making More Health〉 프로그램은 해당 국가나 지역의 보건의료 시스템의 맹점을 보완하는 사회적 가치를 창출한다는 점에서 흥미로운 사례이다.

〈아쇼카 재단의 베링거인겔하임 지원〉

세계적인 사회적 기업인 아쇼카 재단은 2010년부터 독일계 제약기업 베링거인겔하임과 파트너십을 맺고 〈Making More Health〉라는 프로젝트를 진행하고 있다. 이 프로젝트는 전 세계 사회적 혁신가들에 대한 지원을 통해 보건의료 분야에서 사회적 가치와 혁신을 이끌어내고 새로운 보건의료 모델을 정립하려는 시도에 해당한다.

아쇼카 재단은 사회적 혁신가들과의 풍부한 네트워크를 바탕으로 사회 혁신 노하우를 제공하고, 베링거잉겔하임은 보건의료 분야에서의 축적된 기술과 사업 경험을 통한 프로젝트 관리 기법을 전수해줌으로써 상호 간에 긍정적인 시너지 효과를 창출하고 있다. 본 프로젝트의 지원을 받은 많은 사회적 혁신가들은 다양한 분야에서 사회적 가치를 창출하고 있는데, 독일의 프랭크 호프만(Frank Hoffmann), 콜롬비아의 안드레스 루비아노(Andres Rubiano)의 메디테크(Meditech), 노르웨이의 하이디 왕(Heidi Wang) 등이 대표적인 모범 사례로 꼽히고 있다.

독일의 프랭크 호프만(Frank Hoffmann)은 'Discovering Hands'라는 프로젝트를 진행하고 있다. 이는 시각장애인에게 유방암 진단법을 교육시켜 취업의 기회를 제공하는 사업이다. 저렴한 비용으로 독일 여성들의 유방암 조기 진단을 독려할 뿐만 아니라 점자 좌표를 활용한 유방암 검사 매핑(mapping) 시스템을 개발하여 10만 명이 넘는 시각장애인 여성들의 고용 창출 효과를 달성하였다. 의료 서비스 제공과 고용을 함께 연계하여 경제적 성과와 사회적 성과를 동시에 달성하므로, 그 잠재적인 가치 또한 크다. 그 덕에 아일랜드, 프랑스, 덴마크 등 다른 국가에서도 해당 프로젝트를 보급하려는 논의가 진행 중이다.

콜롬비아의 안드레스 루비아노(Andres Rubiano)는 아쇼카 재단의 후원을 받아 콜롬비아에서 일어나는 잦은 광산 폭발 또는 불법 무장단체의 도발로 발생하는 심각한 중증외상 환자를 신속하고 통합적으로 치료하기 위한 목적의 메디테크(Meditech)를 설립했다. 이곳에서는 병원, 응급의료센터, 공공기관과의 연계를 통해 정신 외상에 대한 최신 교육과 기술을 담당하는 '키 액터(Key actor)'를 훈련해 배출한다. 특히 정부의 직접지원이 아닌 WHO와 같은 국제기구의 후원으로 운영되고 있다는 점에서 특징이 있다.

한편 노르웨이, 하이디 왕(Heidi Wang)은 치매 환자 및 치매 환자 가족들을 대상으로 한 장기적 관리 프로그램인 NOEN을 개발하여 운영하고 있다. NOEN은 치매 환자들의 가정 활동 프로그램뿐만 아니라 치매 관리에 필요한 다양한 조언과 교육을 환자 본인과 가족들에게 제공한다. 특히 스마트폰 어플리케이션을 통해 치매 환자들의 성격이나 신체의 변화 등에 대한 각종 정보들을 제공하는데, 이는 노르웨이의 보건의료 시스템 구축 비용을 절감시키는 데 있어 상당한 효과를 거둔 것으로 평가받고 있다.

〈Making More Health〉 프로그램은 마이클 포터 교수가 주창한 기업의 CSV 실천의 모범적인 사례이기도 하다. 이는 한국의 대기업들이 추진하는 CSV의 현주소와 크게 대조된다는 것이기도 하다. 하지만 우리는 CSV가 사회적 혁신 생태계의 진화에 필요한 기업의 역할과 기능을 완전히 포착해 낸 개념이라고는 생각하지 않는다.

포터 교수가 주장하는 것처럼 자본주의가 낳은 사회문제 해결에 기업들의 기업운영 노하우와 자금력, 유통망 등이 활용되어야 한다는 데는 동의하지만, 사회적 혁신 생태계의 진화에 구심적 기능을 하는 기업의 실천 방식에 대해서는 새로운 개념적 구상이 필요하고 생각한다. 우리는 이것을 기업 소셜 벤처링^{Corporate Social Venturing}이라 정의하는 한편, 포터의 CSV와 구분하고자 이를 CSVII라 부른다. CSVII는 사회적 혁신 생태계 전반에 긍정적인 파급력을 미칠 수 있는 민간기업의 보다 강화된 간접적 지원 노력을 포괄하는 개념이다.

생태계 관점의 사고란 새로운 것이 아니다. 기업 생태계의 판을 바꾸기 위한 간접 지원은 혁신적인 글로벌 기업들이 구사하고 있는 경영전략이다. 마이크로 소프트사의 OS인 윈도우에 대항하고자 등장한 리눅스가 오픈소스로 무료 개방된 것이나, 애플이 주도하는 스마트폰 앱스토어 생태계에서 후발 주자인 구글이 오픈소스 형태의 개방형 플랫폼 전략을 구사한 것, 최근 전기자동차 시장의 선두 주자인 테슬라가 자사가 보유한 전기자동차 관련 특허를 무료 공개한 파격적인 조치 등은 생태계 자체를 키우기 위한 전략의 일환으로 이해할 수 있다.

한편 CSVII는 최근 주목받고 있는 소셜 벤처^{Social Venture}와도 구분되는 개념이다. 소셜벤처는 개인 또는 소수의 기업가가 사회문제 해결을 위해 혁신적 아이디어를 상업화하여 만든 신생기업을 의미하는 것으로 흔히 말하는 모험적 사업에 도전하는 벤처 기업 개념을 사회적 경제에 적용한 것이다. 이와는 달리 기업 소셜 벤처는 신기술 혹은 신사업을 육성하고자 사내에 독립된 벤처 조직을 만들거나 신생 사업부를 설립함으로써 경영 혁신을 추구하는 기업 벤처의 초점을 경제적 수익 중심에서 사회적 목적 달성으로 전환하는 것을 뜻한다.

하지만 여기서 제안하는 CSVII는 일반 기업들이 사회문제의 해결과 사회적 가치의 추구를 위해 사내에 독립적인 신사업 개발 조직을 만드는 노력에서 한 걸음 더 나아간 적극적인 개념이다. 우리는 일반 기업에서 다음과 같은 다섯 가지 특성을 가진 지식과 기술을 개발하고 보급하는 사회혁신 활동인 CSVII가 활발해져야 사회적 혁신 생태계 3.0 단계로의 진화가 가능하다고 믿는다.

- ·혁신성: 사회적 목적의 달성으로 이어질지에 대한 기대나 결과가 불확실하고 리스크가 크게 존재해 투자가 기피되는 지식과 기술
- ·원천성: 규모가 영세한 사회적 기업이 투자하기엔 자본과 시간이 크게 소요되는 지식과 기술
- ·범용성: 잠재적 활용범위가 넓어 사회적·경제적 파급효과가 큰 지식과 기술
- ·개방성: 배타적 소유권을 주장하지 않고 타 조직과 공유될 수 있는 지식과 기술
- ·조직화: 재량권이 부여된 조직적 기반을 갖추고 사업의 연속성을 확보하는 것

이러한 특성을 가진 CSVII의 전형적인 사례는 세계적인 디자인 전문기업인 IDEO의 디자인 툴킷^{Toolkit}에서 찾아 볼 수 있다. IDEO는 2011년 IDEO.org라는 사회적 디자인 비영리 기구를 설립하여 전 세

계 개발도상국을 무대로 보건, 농경, 식수, 위생, 금융 등 다양한 분야에서 나타나는 사회문제를 디자인 방법론을 활용해 해결하는 데 도움을 주고 있다. 인간 중심 디자인^{Human Centered Design} 툴킷을 제작해 무료로 보급한 것은 IDEO.org의 CSVII의 결정판이라 할 만하다. 이 툴킷은 개발도상국에서 다양한 이슈에 직면한 소외된 계층의 필요를 충족시키는 데 디자인 사고가 어떻게 활용될 수 있는지 안내하는 실용적인 안내서이다. 이 책은 우리나라에서도 번역되어 무료로 공개되고 있다.[83]

IDEO.org 활동은 고도의 전문성을 요구하는 디자인적 사고를 사회혁신의 도구로 활용했다는 점에서 '혁신성'을 갖추고 있다. 또한 디자인 전문 인력을 채용하기 어려운 다수의 조직들에게 제공된 '원천성' 높은 IDEO의 디자인컨설팅 노하우는 매우 유용한 자원으로 활용될 수 있다. 여기서 그치지 않고 IDEO.org는 디자인 툴킷을 제작해 무료로 보급하고 그 혜택의 범위를 확장해 왔다는 점에서 '범용성'과 '개방성'의 수준 또한 높다. IDEO.org가 IDEO에 속한 일개 부서가 아니라 독립된 비영리조직 법인으로 설립되어 사업의 재량권을 가지고 사업의 연속성을 확보하고 있다는 '조직화'도 중요한 특징이다.

〈IDEO.org와 인간중심디자인 툴킷〉

IDEO는 전 세계의 일류기업들을 고객으로 가진 세계적인 디자인 컨설팅 회사로서 기업들이 사람들을 더 잘 이해하도록 도우며 혁신과 성장을 이끌어내는 인간 중심의 디자인 전략을 만들기로 유명하다. IDEO는 2011년 사회적 디자인을 위한 비영리 기구인 IDEO.org를 설립하고, 디자인 방법론을 다양한 프로젝트에 응용하며 지역사회 발전을 위한 노력을 전개하고 있다. 특히 아프리카, 아시아, 라틴아메리카 등지에서 사회적 기업이나 재단 등과 파트너십을 맺고 디자인적 방법론을 응용하여 보건, 농경, 식수나 위생, 금융 등 많은 영역에서 나타나는 사회문제를 해결하고자 한다.

인간 중심 디자인 툴킷(toolkit)은 IDEO.org가 디자인 프로세스를 응용하여 실제 개발도상국에서도 적용할 수 있도록 제작한 안내서에 해당한다. 이는 개발도상국에서 다양한 이슈에 직면한 소외된 계층의 필요를 충족시키는 데 디자인 사고가 어떻게 활용될 수 있는지 방향을 제시한다는 점에서 놀라운 파급력과 잠재력을 지니고 있다.

일례로 IDEO 프로젝트의 디자인 과제 중 하나는 인도의 농촌 지역 보청기 사용의 활성화에 있었다. 최소의 훈련을 받은 현지 기술자가 의료 시설이 없는 곳에서도 이를 효율적으로 관리할 수 있는 진단 과정을 만드는 것이 바로 디자인 과제의 목표였다. 조사 기간 동안 IDEO 팀은 보청기 보정과 관련된 제약 사항을 파악하는 한편, 보정 지침, 보청기 보정을 위한 기술자 장비, 기술자 훈련 교재 등을 포함한 프로토타입 과정을 개발하여 마을에 실제 적용하였다. 문제는 사람들에게 이 테스트를 완료하는 방법에 대해 설명하는 데 시간이 너무 오래 걸렸다는 데 있었다. 그에 따라 IDEO 디자인 팀은 지속적인 테스트와 피드백을 통해 절차를 가장 단순화시키고 이를 개선함으로써 디자인상의 문제를 확인하고 성공적인 솔루션을 개발할 수 있었다.

특히 이 인간 중심 디자인 프로세스는 심장 전기 충격기, 천연 소재로 만들어진 항균 제품, 적십자의 헌혈 시스템과 같은 혁신적인 아이디어를 제안함으로써 수많은 사람들의 생활을 향상시켰다. 이 때문에 저개발국 빈민들이 소득 증대를 도모하도록 1982년 적정기술의 선구자 폴 폴락이 조직한 국제개발사업(International Development Enterprises)의 프로젝트나 개발도상국에서 어린이에게 종합적인 눈 관리 서비스를 제공하는 프로젝트인 VisionSpring 등에서 인간 중심 디자인 프로세스가 활발히 활용되고 있다.

현지 주민이야말로 사회문제를 정확히 파악하고 그에 대한 해결책의 실마리를 가진 핵심 당사자라는 전제하에 이 툴킷을 바탕으로 디자이너는 현장의 필요와 수요를 파악한다. 프로젝트 진행 단계마다 다양한 협업 과정을 거쳐 프로토타입을 만들며, 현장에서의 피드백과 개선을 통해 최종 결과물을 도출해낸다. 현재까지 두 번째 버전이 나온 툴킷은 '디자인을 통한 국제문제 해결'을 가능하게 함으로써 디자인 영역을 넘어 사회문제를 해결하는 혁신의 도구로 주목받고 있다.

아직까지 CSVII의 다섯 가지 원칙에 부합하는 우리나라 대기업 활동사례를 찾기란 쉽지 않다. 그런 점에서 볼 때 SK 행복나래는 사회적 혁신 생태계 조성에 기여하는 보기 드문 CSVII 사례이다. SK그룹의 계열사와 일반기업에 소모성 자재를 공급하는 사회적 기업인 행복나래는 사회적 기업의 제품을 납품받아 SK계열사에 공급하는 중간 유통 조직의 역할을 담당하고 있다. 협력사가 된 사회적 기업들은 자신들의 제품이 우선 구매될 수 있는 기회를 얻게 된다.

행복나래는 사회적 기업의 난제 중 하나인 판로 개척에 도움을 줄 뿐만 아니라 매출 이익의 절반을 사회적 기업에게 되돌려주는 제도를 운영함으로써 사회적 기업의 재무적 성과와 사회적 성과가 극대화될 수 있도록 도와주고 있다. 또한 사회적 기업 투자 펀드 조성, 온라인 쇼핑몰 운영 등을 통해 사회적 기업의 지속가능성을 높이는 데 기여하고 있다.[84]

이른바 '사회적 기업을 돕는 사회적 기업'인 행복나래는 단순히 취약 계층을 고용하는 수준을 넘어 사회적 혁신 생태계의 진화를 위한 간접적 지원 기능에 집중한다는 점에서 의미 있는 사례이다. 특히 민간기업의 사회적 구매Social Purchase를 최초로 시도했다는 점에서 주목할 만하다. 그럼에도 구매 기업의 대다수가 SK계열사에 한정되어 있어 그 파급효과가 제한적일 수밖에 없는 아쉬움이 있다.

CASE STUDY

〈SK 행복나래〉

행복나래는 국내 최대의 사회적 기업 중 하나이다. 본래 행복나래는 MRO코리아라는 SK 계열사로서, SK 그룹을 포함한 일반 기업에 다양한 소모성 자재를 구매해 공급하는 영리기업이었다. 그러나 2011년 사회적 기업으로 그 성격을 전환하고, 이어 2013년에는 고용노동부의 사회적 기업 인증을 획득했다.

대부분의 사회적 기업들이 저소득, 취약 계층의 고용을 목적으로 운영되는 데 반해, 행복나래는 독특한 성격을 지니고 있다. 단순히 고용부문의 사회적 목적을 달성하기보다는 사회적 기업들이 스스로의 혁신을 통해 지속가능성을 높일 수 있도록 기반을 조성한다. 행복나래는 바로 사회적 기업을 돕는 사회적 기업인 것이다.

사회적 기업을 돕는 사회적 기업, 과연 어떤 방법으로 이루어질까? 먼저 행복나래는 사회적 기업들이 제품을 제공할 수 있는 판로로서 기능한다. 일반 기업과 비교해 낮은 기업 인지도와 제품 경쟁력으로 인해 많은 사회적 기업들은 판로 개척에 어려움을 겪고 있다. 이러한 고충을 해결하고자 행복나래는 사회적 기업에 가산점을 부여해 협력사로 등록하게 한 뒤, 이들의 제품을 우선적으로 구매할 수 있는 '우선구매 제도'를 도입했다. 2014년을 기준으로 130여개 사회적 기업 협력사 제품의 구매가 이루어지고 있으며, 이들 사회적 기업이 올린 매출만 110억 원에 달하고 있어 상당한 수익성 개선 효과 또한 나타나고 있다.

이뿐 아니라 행복나래는 '매출이익 환급(Pay-Back)' 제도를 통해 사회적 기업 제품을 고객사에게 공급한 후 얻은 이익의 절반을 사회적 기업에 되돌려주고 있다. 즉 사회적 기업이 이윤을 창출할 수 있도록 도와주고 또한 그 이익이 다른 사회적 가치를 창출할 수 있도록 선순환 구조를 만드는 것이다. 그밖에도 '사회적 기업 투자 펀드'를 조성하는 한편, 온라인 쇼핑몰 운영을 통해 사회적 기업 제품의 마케팅을 지원함으로써 우리나라 사회적 기업들의 지속가능성을 높이기 위한 다양한 노력을 전개하고 있다.

혁신성, 원천성, 범용성, 개방성, 조직적 기반을 갖춘 지식과 기술은 사회적 경제 조직이 직접 개발하기에는 엄청난 시간과 비용이 소요된다. 또한 정부가 담당하여 보급하기에도 어려움이 크다. 사회적 혁신 생태계의 질적 성장에 있어 반드시 필요한 이 역할의 적임자는 민간기업, 특히 대기업이다. 그리고 이는 정부와 기업이 함께 구축한 협력적 혁신 거버넌스의 토대 위에서 효과적으로 실현될 수 있다.

05_

전략4:
관성을 깨고 규칙과 의식을 변화시켜라

앞서 우리는 사회적 경제의 혁신 역량을 높이고자 오픈 소셜 이노베이션 플랫폼 구축, 사회적 가치사슬을 연결하는 지주회사의 설립과 중간지원 조직의 네트워킹 기능 강화, 그리고 정부와 민간기업의 협력적 파트너십 형성 및 역할 재정립이라는 전략을 살펴보았다. 이는 사회적 혁신 생태계가 진화하는 데 요구되는 혁신 역량, 상호작용, 거버넌스 차원에서의 핵심적 요소들이다. 이제 보상 구조와 인지 체계를 포괄적으로 의미하는 마지막 차원인 '제도' 변화를 살펴볼 차례다.

사회적 경제 조직에서 재무적 성과가 나타나지 않는 한, 사회적 가치의 창출 또한 요원하다는 것은 분명하다. 사회적 경제 조직의 경제적 지속가능성을 확보하려면 기존에 제시된 많은 처방들과는 달리, 우리의 전략은 생태계 관점에서의 수요와 공급에 기반하여 도출된 것이다. 즉 사회적 혁신 생태계로 우수한 인력과 풍부한 자본이 유입되도록 하는 한편, 사회적 경제 조직의 제품과 서비스에 대한 수요를 높여야 한다. 자원의 동원은 보상 체계의 구축을 통해, 수요 진작은 인지 체계의 변화를 통해 가능하다.

사회적 혁신 생태계 자원 유입 전략

사회적 혁신 생태계 1.0 단계에서는 만성적인 자본과 인력의 부족 현상을 경험한다. 투자자의 입장에서 보면 사회적 경제 조직에 대한 투자 위험은 큰 반면 수익은 매우 불확실하다. 사회적 혁신가를 꿈꾸는 이들에게조차도 사회적 기업가로서의 미래는 밝은 전망을 기대하기 어렵다. 투자 자본의 확보가 용이하지 않고 우수 인력의 유치가 어려운 것은 지속가능한 성장 기반이 취약한 데 따른 구조적 문제이다. 따라서 개별 조직 차원이 아닌 생태계 차원에서 보상 체계를 강화하는 노력이 강구되어야 한다. 특히 혁신적인 사회적 가치를 추구하는 사회적 경제 조직들에게 충분한 경제적 보상을 연계하는 제도적 장치가 구축되어야 한다.

이런 맥락에서 SK그룹 최태원 회장이 제안한 사회성과 인센티브 Social Progress Credit, SPC 개념은 주목할 만하다.[85] '사회적 가치에 기반한 인센티브'를 의미하는 SPC는 "사회적 기업이 창출하는 사회적 가치를 측정해 그 가치의 일정 비율을 정부가 사회적 기업에 유가증권 형태로 지급"하는 제도이다. 최태원 회장은 현재의 사회적 기업들은 재무적 실적을 높이려는 노력과 사회적 가치를 창출하려는 노력이 상충하는 딜레마에 놓여 있다고 지적한다. 자금을 조달하는 것이 매우 어려운 사회적 기업가들이 재무적 실적에 집착하게 되면 사회적 성과 달성이 희생될 수밖에 없는 뜻이다. 따라서 SPC는 사회적 가치를 창출하는 데 전념할 수 있도록 하는 최소한의 경제적 안전망인 셈이다.

SPC는 사회적 혁신을 유인할 수 있다는 점에서도 매력적이다. SPC는 기존의 일률적인 인건비 지원 중심이나 세액 공제 방식의 지원과는 그 성격을 달리한다. 사회적 기업이 창출한 사회적 가치의 크기에 비례해 보상의 크기를 연계시킨 SPC는 혁신의 지속가능성을 향상시키고, 사회적 기업의 설립과 더불어 사회적 투자가 활발히 일어나도록 촉진할 수 있다. 또한 정부의 입장에서는 같은 규모의 재정지출만으로 더 많은 사회적 문제를 해결할 수 있다.

SPC 제도의 운영은 사회적 가치의 측정을 전제로 한다. 즉 SPC 제도가 효과적으로 작동하기 위한 조건은 바로 사회적 가치가 정확하게 측정되는데 달려있다. 꼭 SPC가 아니더라도 사회적 금융시장 조성에 필수적인 과제는 사회적 경제 조직이 산출하는 사회적 가치에 대한 측정체계, 이른바 소셜 임팩트 측정 체계Social Impact Measurement System를 만드는 데 있다. 이미 미국을 중심으로 다양한 사회적 가치

측정체계 방법론이 개발되었고, 글로벌 사회적 금융시장에서도 이러한 측정체계가 활용되고 있다.[86]

사회적 가치 측정 방법론의 하나인 IRIS(Impact Reporting & Investment Standards)는 2008년 록펠러 재단이 주도해 개발한 것으로 현재는 GIIN(Global Impact Investment Network)가 관리 및 운영을 담당하고 있는 대표적인 사례이다. 이는 사회적 경제 조직의 사회적·환경적·재무적 성과를 표준화된 지표체계로 측정함으로써 사회적 기업들의 성과를 비교할 수 있는 정보를 투자자들에게 제공해준다.[87]

소셜 임팩트 투자자뿐만 아니라 정부 또한 IRIS를 활용하고 있다. 2013년 영국은 아프리카 지역 빈민을 위한 국제개발 사업을 위한 펀드를 조성하면서 펀드 투자 신청자에게 IRIS를 활용한 근거 자료의 제출을 의무화하였다. 2011년 연방정부 차원에서 사회적 금융제도 조성을 공식화한 미국은 2013년 사회적 경제 조직 지원에 관한 구체적인 계획(National Impact Initiative)을 발표하면서, 정부가 임팩트 투자 펀드를 확충해 소셜 임팩트 투자기관(Impact Small Business Investment Companies)에 지원을 확대하겠다고 약속했다.

우리나라에서도 사회적 가치 측정의 필요성에 대한 주장이 지속적으로 제기되어 왔으며, 공공기관인 한국사회적기업진흥원에서 사회적 가치 측정 지표를 개발하는 연구를 지속하고 있다. 그러나 사회적 가치 측정 체계의 구축과 관련된 우리의 현실은 아직 걸음마 단계이다. 사회적 혁신 생태계를 진화를 위해서는 사회적 가치 측정 체계에 대한 관심과 투자가 더욱 활발해져야 한다.

〈소셜 임팩트 측정〉

우리는 보통 경제적 이익을 바탕으로 기업의 성과와 영향력을 판단하곤 한다. 그러나 사회적 영향력에 대한 측정은 단순히 경제적 이익에 대한 고려를 넘어 사회적 가치에 대한 측정을 통해 이루어져야 한다. 사회적 가치와 영향력에 대한 담론이 전 세계적으로 확장되면서 다양한 지표를 활용하여 사회적인 가치와 영향력을 측정하고자 하는 움직임이 나타나고 있다. 그중에서도 SROI와 IRIS가 가장 대표적인 사회적 가치 측정 도구로 알려져 있다.

1. SROI (Social Return on Investment)

SROI는 기업개발펀드(The Roberts Enterprise Development Fund)에 의해 제안된 사회적 가치 측정 기법으로 최근 국제적으로도 널리 확산되고 있는 지표이다. 이는 기업의 투자수익률(ROI)과 유사하게 사회적 기업이나 비영리 조직이 생산한 사회적 가치와 경제적 가치를 통합하여 정량적으로 측정하는 방법으로서, 주관적인 판단이 개입하기 쉬운 사회적 가치에 화폐적 가치를 부여하여 객관화한다는 특징이 있다.

SROI는 사회적 편익에서 비용을 제외한 순사회적 부가가치와 투자금액의 비율로 표현할 수 있다. 예컨대 SROI 값이 1:2의 비율이라면 이는 1,000원을 투자하여 총 2,000원의 사회적 가치를 얻었다고 판단할 수 있다. SROI 값은 관련된 이해관계자의 공헌도를 반영하는 지수이므로, 이를 통해 기업이 어떤 사회적 가치를 창출하였는지 규명하는 것은 물론 다양한 이해 관계자들과 사회적 성과에 대해 소통할 수 있다는 장점을 지닌다. 이 때문에 SROI 분석에 의한 사회적 가치 측정은 주로 북미 지역을 중심으로 지속적으로 확산되고 있으며, 많은 선진국에서도 이를 활용한 평가가 증가하고 있다.

2. IRIS (Impact Reporting & Investment Standards)

IRIS는 사회혁신 벤처들의 경영 활동에서 발생하는 사회·환경적 가치를 논함에 있어 투자 포트폴리오 성과를 지표화하고, 일종의 템플릿을 통해 사회·환경적 가치를 논함에 있어 공통의 양식과 언어를 사용하자는 취지로 만들어졌다. 즉 투자 성과를 객관적으로 측정할 수 있는 공용어 및 평가 세트가 바로 IRIS 이다. 2008년 미국의 록펠러재단, 어큐먼 펀드, B Lab이 초안을 만들어 제시하면서 출발했고, 지금은 GIIN(Global Impact Investment Network)에서 관리·발전시키고 있다. IRIS는 사회적 기업이 자기의 비즈니스 특성에 맞게 성과 지표를 선택할 수 있도록 라이브러리를 제공한다.

이와 관련해 미국의 비영리 조직인 B-코퍼레이션의 연구소 B Lab은 임팩트 투자를 활성화시키기 위하여 2012년 IRIS를 기반으로 사회적 평가 시스템인 GIIRS(Global Impact Investment Rating System)을 고안하여 발표하였다. GIIS는 비즈니스 모델, 재무 성과를 포함하여 사회·환경적 영향력 등을 일관된 절차와 흐름 안에서 비교할 수 있도록 고안된 평가틀로서, IRIS 기준을 효과적으로 활용할 수 있는 하나의 시스템에 해당한다.

SROI는 창출된 사업마다 사회적 가치에 대한 가정과 판단이 필요하지만, IRIS는 평가 항목이 정해져 있기 때문에 사업들 간에 객관성을 가지고 비교 가능하다는 특징이 있다.

사회적 혁신 생태계의 자본 유입을 위해 SPC제도와 함께 고려할 수 있는 제도적 대안은 바로 사회적 증권거래소의 설립이다. 사회적 증권거래소는 사회적 기업의 자금 조달을 지원하고 사회적 기업의 성과를 감시하는 기능을 수행한다. 가장 대표적인 사례는 2003년 브라질의 증권거래소BOVESPA가 주도해 세계 최초로 설립한 사회·환경 증권거래소인 BVSA이다.

BVSA에서는 전문가로 구성된 심사위원들이 NGO들이 제출한 사회적 목적을 가진 프로젝트 사업설명서를 평가한다. 이들에 의하여 최종 선정된 프로젝트는 브라질 정부, 유니세프, 유네스코, 언론인 및 제3섹터의 대표들로 구성된 사회적 증권거래소 이사회의 승인을 거쳐 상장된다. 이후, 상장된 프로젝트에 대한 '사회적 주식'이 발행되고, 이를 통해 사회적 투자자와 NGO 간에 자금이 흐르게 된다. BVSA는 설립 이후 5년간 71개 사회적 프로젝트에 550만 달러의 자본을 조달함으로써 사회적 증시의 가능성을 보여주었다.[88] 2011년까지 완료된 사회·환경 관련 프로젝트의 수만 해도 112개 이상이며 약 480만 달러가 조달된 것으로 알려져 있다.[89]

CASE STUDY

〈사회적 증권거래소〉

사회적 증권거래소(Social Stock Exchange)는 사회적 책임을 다하는 기업들의 주식을 거래소에 상장시키고 윤리적 투자자들로부터 자금을 공급받는 방식으로 사회적 기업에 직접금융을 통한 자금조달을 목적으로 하는 새로운 유형의 거래소이다. 사회적 증권거래를 통해 상장기업들의 사회적 목적 달성 정도를 투명하게 감시할 수 있고 이들의 성과를 제고할 수 있는 이점이 있다. 브라질은 2003년 세계 최초로 사회적 증권거래소인 BVSA를 설립했고, 남아공은 2006년 브라질 거래소를 모델로 SASIX(The South African Social Investment Exchange)를 만들어 성공적으로 운영하고 있다. 싱가포르 또한 사회적 기업이 발행한 지분증권을 거래하는 거래소(Impact Investment Exchange Asia (IIX), a Singapore-based organisation)를 마련하는 등 사회적 투자를 위한 기반은 사회적 증권거래소를 중심으로 크게 확대되는 추세이다.

브라질의 경우 사회적 거래소에 30여 개 이상의 프로젝트를 상장하여 '사회적 주식'을 발행함으로써 사회적 투자자와 NGO 간에 자금을 연결하고, 이를 바탕으로 사회문제 해결에 공헌하고 있다.

BVSA는 브라질 마케팅 사업가 켈소 그레코(Celso Grecco)가 제안하고 기업의 사회적 책임(CSR)에 대해 관심이 컸던 보베스파(Bovespa)의 레이문두 마글리아누 필루(Raymundo Magliano Filho)사장이 이를 받아들이면서 탄생한 것이 그 배경이다. 비영리 단체나 사회적 기업가들은 사회적 목적을 실현하기 위한 자금을 마련하는 것이 어려운 반면, 사회적 투자나 기부에 관심이 있는 사람들은 도움을 요청하는 수많은 손길 가운데 어떤 손을 잡아줄 것인가가 고민이다. 이를 주식시장의 틀로 끌어들여 '사회적 이윤(social profit)'이란 새로운 개념을 만들어 낸 것이 BVSA라 할 수 있다. 그렇다면 BVSA의 운영은 어떻게 이루어질까?

먼저 NGO들은 다양한 사회적 프로젝트의 사업설명서와 모금 규모를 제출하고 이 분야의 전문가로 구성된 심사위원들이 해당 프로젝트 제안서를 분석하고 평가한다. 이들에 의하여 최종 선정된 프로젝트는 사회적 증권거래소의 이사회에 추천되고 이사회의 승인을 받은 프로젝트는 기금을 지원받고 해당 사회적 기업은 상장이 되는 시스템이 바로 BVSA의 운영 방식이다. 상장의 문턱이 높다는 점도 여느 시장과 다르지 않으며, 전문가들로 구성된 심사위원단이 철저한 예비 심사를 하고 광범위한 인터뷰와 현장 실사도 수행한다. 심사위원단이 상장 후보를 추천하면 BVSA의 이사회가 최종 상장 여부를 결정한다. BVSA의 이사회에는 브라질 정부 대표는 물론 유니세프, 유네스코, 언론인 및 제3섹터의 대표들로 구성된다. BVSA에 상장됐다는 것은 곧 해당 사회적 기업이 믿고 투자 혹은 기부할 만한 곳임을 공인받았다는 의미가 된다. BVSA는 설립 이후 5년 동안 약 70개의 사회적 프로젝트에 550만 달러의 자본을 조달하며 사회적 증시의 가능성을 확대하고 있다.

소셜 크리슈머Social Cresumer의 확산

자원 유입을 촉진하기 위한 SPC 제도와 사회적 증권거래소의 설립은 이른바 사회적 경제 조직의 역량을 강화하는 데 초점을 둔 공급 부문의 전략이다. 그러나 시장의 또 다른 축인 소비자 혹은 시민, 즉 수요 부문 변화가 수반되지 않으면 지속가능한 사회적 혁신 생태계 조성은 지체될 수밖에 없다. 사회적 경제 조직이 만들어내는 제품과 서비스에 대한 공중의 인식과 태도를 우호적으로 변화시키려면 무엇이 필요할까?

우리의 핵심 주장은 소셜 크리슈머Social Cresumer의 확산에 있다. 공공문제의 해결과 시민의 관계에 관한 전통적인 논의는 크게 세 가지로 요약된다. 정치학적 관점에서는 유권자가 정치과정에 참여함으로써 정치의 책무성을 확보할 수 있다고 본다. 다른 한편, 시민사회론에서는 NGO 등과 같은 비영리기구에 대한 지지와 참여를 통해 공공의제에 대한 문제해결을 촉진할 수 있다는 입장을 제시한다. 끝으로 시민은 기부나 자원봉사와 같은 자선적 행위를 통해 공공문제 해결에 참여할 수 있다는 논의가 있다.

정치행동, 시민행동 및 자선행위에 기초해 공중의 역할을 개념화하는 것과 달리 사회적 혁신 생태계에서 공중은 사회문제 해결을 지향하는 소비자임과 동시에 생산자로서 참여하는 소셜 크리슈머로 규정될 수 있다. 달리 말해 사회적 혁신 생태계 조성을 위해서는 사회적 경제의 생산품을 소비하는 데 적극적일 뿐만 아니라 생산 과정에 다양한 형태로 참여하는 소비자들이 확대되어야 한다.

소셜 크리슈머 확산의 전제 조건은 윤리적 소비자의 증가에 있다. 앞서 지적한 것처럼, 우리나라의 경우 윤리적 구매 행동의 첫 단추라 할 사회적 기업에 대한 일반 대중의 인지도는 매우 낮다. 우리나라 윤리적 소비 시장의 크기가 얼마나 되는지 그 성장 추이를 파악할 수 있는 자료조차 마련되어 있지 않은 실정이기 때문이다. 사회적 경제의 벤치마킹 사례로 자주 소개되는 영국의 경우, 윤리적 제품이나 서비스에 대한 소비자의 수요는 2011년 기준 472억 파운드(약 80조 7천억 원)에 달하는 것으로 나타났다. 이는 가구당 평균 매년 989파운드(약 170만 원) 정도의 윤리적 제품 또는 서비스에 대한 소비 활동이 있다는 것을 의미한다. 주목할 점은 조사가 시작된 2000년 가구당 지출 291 파운드(약 50만 원)와 비교해 10년 사이에 윤리적 소비 시장의 규모가 세 배 이상으로 커졌다는 데 있다. 어떻게 가능했던 것일까?

영국의 윤리적 소비시장의 성장은 윤리적 소비와 관련된 정보를 온·오프라인으로 제공하는 《Ethical Consumer》 매거진, 다양한 윤리적 소비 캠페인 전개 등 탄탄한 윤리적 소비의 인프라에서 비롯된 것이다.[90] 사회적 경제 조성에 선두권에 있는 호주 또한 소비자들의 태도 변화를 위한 유사한 전략을 구사하고 있는데, 'Shop ethical!' www.ethical.org.au 사이트를 통해 공산품을 비롯한 다양한 제품에 대해 정보를 제공해 윤리적 소비를 돕고 있다. 윤리적 소비를 위한 가이드라인을 제공하는 소책자는 약 8,000원의 가격으로 유료로 판매되고 있음에도 2008년 이후 최근까지 12만부가 판매되었다.[91] 호주는 온·오프라인을 통한 정보 제공은 물론 일반 소비자들에게 윤리적 소비를 알리기 위한 워크숍, 슈퍼마켓 투어와 같은 이벤트도 정기적으로 진행하고 있다. 이 행사는 소비자들로 하여금 그들 자신과 가족, 나아가 그들의 삶의 터전인 사회와 환경을 되돌아볼 수 있는 기회를 제공하며, 이를 통해 일상적인 소비 생활에 있어서도 윤리적 소비라는 대안적 소비 패턴이 있음을 알려준다. 이뿐 아니라 윤리적 소비의 필요성을 사회적으로 공론화시키고 소비자에게 윤리적 소비에 대한 긍정적 인식을 제고하는 역할을 하고 있다.

CASE STUDY
〈영국의 윤리적 소비자 시장〉

윤리적 소비란 소비자가 상품, 서비스 등을 구매할 때 재료, 생산, 유통 등 상품의 전 과정에서 인간이나 동물에 해를 끼치는 상품은 피하고, 환경과 지역사회에 도움이 되는 상품을 구매하는 행위를 일컫는다. 이를테면 공정무역을 통해 생산된 제품을 구매하는 행위가 대표적인 윤리적 소비라 볼 수 있다.

영국은 전 세계적으로 높은 윤리적 소비 인식을 보여주는 국가 중 하나이다. 특히 지난 2000년부터는 영국 최대 협동조합 기업인 코오퍼러티브 그룹(The Co-operative Group)을 통해 윤리적 소비 시장에 관한 보고서를 매년 발행하는 등 윤리적 소비를 통한 사회적 가치 창출을 위해 다양한 활동과 실험이 전개되고 있다. 지속적인 경제 불황에도 불구하고 영국의 윤리적 제품 및 서비스에 대한 소비자의 수요는 꾸준히 증가하고 있다. 윤리적 소비 시장 규모에 대한 조사에 의하면 영국 가구는 2011년 연평균 약 989파운드(약 170만 원) 정도의 윤리적 제품과 서비스를 소비하는데, 이는 2000년 수치에 비해 세 배 이상 높아진 것이다. 이러한 통계는 영국의 윤리적 소비 시장의 규모가 점차 확대되고 있음을 잘 나타내준다.

영국에서 이렇듯 윤리적 소비가 성장한 것은 소비자들에게 지속적으로 윤리적 소비와 관련된 정보를 온·오프라인으로 제공하는 《Ethical Consumer》 매거진의 발간과 더불어 다양한 윤리적 소비 캠페인 전개 등을 통해 일찍부터 윤리적 소비를 촉진하는 정책을 펼쳐왔기 때문이라 볼 수 있다. 1989년 창간된 《Ethical Consumer》 매거진은 소비자들이 윤리적 제품을 선택할 수 있도록 각 제품에 관한 정보를 제공한다. 언론 보도, NGO 보고서, 기업 인터뷰 및 기초 조사를 통해 수집된 정보는 사회, 윤리, 환경 분야의 총 19가지 항목에 따라 분류·평가되며 이는 점수로 환산된다.

윤리적 소비시장의 확대에 따라 자연스럽게 소비자에게 제공되는 정보의 양 또한 증가하고 있다는 점도 주목할 만하다. 《Ethical Consumer》 매거진은 윤리적 소비를 위해 소비자가 필요로 하는 정보가 무엇인지 정확히 파악하고 신뢰할 수 있는 틀 안에서 정보를 제공하도록 노력한다. 이는 결국 생활 속 윤리적 소비의 확산을 자연스럽게 이끌어내는 데 기여하고 있다.

윤리적 소비자는 소비 행위 자체로 사회문제 해결에 동참한다는 점을 고려할 때 생태계 내의 행위자로서 적극적인 역할을 수행한다고 볼 수 있다. 하지만 우리는 사회적 혁신 생태계의 질적 도약을 위해서 이보다 한 걸음 더 나아간 형태의 소비자 참여가 필요하다고 생각한다. '의식 있는 소비자'들이 투자-R&D-생산-마케팅-유통-판매로 이어지는 경영 활동의 모든 단계에서 사회적 경제 조직의 파트너가 될 수 있도록 해보자는 것이다.

고객중심 경영 혹은 사용자 혁신을 통한 기업의 성공 사례는 자주 소개된 바 있다. 대표적인 사례로서 최근 들어 IT 분야에서 주목받고 있는 중국의 IT 기업 샤오미를 들 수 있다. 샤오미가 기업 가치를 4년 만에 200배 이상으로 끌어올리고 글로벌 기업의 강자로 도약할 수 있었던 배경 중 하나는 바로 제품을 이용하는 고객의 목소리에 철저히 집중했기 때문이다. 샤오미는 IT 마니아들과 제품 개선에 대한 의견을 교류하면서 소프트웨어의 업데이트 속도를 높여 고객만족을 극대화할 수 있었다.[92] 고객에게 집중하고 이들의 불만을 경쟁력 개선의 기회로 삼는 기업 경영 전략은 이제 상식에 가까운 주문이 되었지만, 이를 모든 기업이 실천하는 것은 아니다. 사회적 경제 조직 또한 윤리적 소비자들의 충성도를 높이려면 공급자 중심에서 수요자 중심의 시각으로 전환하고 이들이 생산 과정에 참여할 수 있도록 다양한 방식을 모색할 필요가 있다.

만성적인 재원 결핍에 직면하고 있는 사회적 혁신 생태계 형성 초기 단계에서 소비자들이 능동적으로 기여하도록 하는 또 다른 방법은 사회적 투자자로서의 역할을 부여해 생태계의 일원이 되도록 하는 것이다. 물론 사회적 증권 거래소가 설립되어 투자자로서 개인이 참여하는 방안도 있지만, 이는 가까운 장래에 구현되기는 어려운 전망이다. 따라서 제도권 금융에서 자본을 유치할 수 없고 당장 자금을 조달해야 하는 개별 사회적 경제 조직이 활용할 수 있는 방식으로 소셜 크라우드펀딩Social Crowd Funding을 제안하고자 한다.

군중을 뜻하는 영어 단어 '크라우드'와 재원 마련을 뜻하는 '펀딩'

이 합쳐진 단어인 크라우드 펀딩은 소셜네트워크 서비스^{SNS}를 활용하기 때문에 소셜펀딩^{Social Funding}으로 불리기도 한다. 크라우드 펀딩의 개념은 개인이나 기업, 단체가 자금을 여러 사람에게서 마련하는 것을 의미하며, 그 투자 방식이나 목적에 따라 지분 투자, 대출, 보상, 후원 등으로 구분할 수 있다. 크라우드 펀딩은 실제 영화, 음악, 공연 등 자금 유치가 어려운 문화예술계에서 활용되고 있으나,[93] 사회 문제 해결에도 접목될 수 있는 유용한 방법이다. 네덜란드 로테르담 시에서 시민의 모금으로 건설된 육교 사례를 보자.

네덜란드 로테르담의 한 낙후된 지역은 8차선 도로와 철도가 교차하고 있어 교통체증을 해소할 방안이 절실히 필요한 상황이었다. 당시 시 정부의 도시재생계획으로는 무려 30년 이상이 흐른 뒤에야 시민의 안전을 확보할 수 있었으므로, 시 정부는 상당한 난관에 봉착해 있었다. 이를 보다 못한 건축사무소 ZUS^{Zones Urbaines Sensibles}는 '내가 만드는 로테르담^{I Make Rotterdam}'이라는 크라우드 펀드를 출범하고 시민들로부터 모금활동을 벌이게 된다. 모금에 대한 상징적인 보상도 제공했다. ZUS는 펀딩에 참여한 시민들에게 육교에 설치되는 나무 판자 하나하나마다 본인의 이름이나 친구, 가족, 연인에게 전하고 싶은 메시지나 광고 등을 기록하게 한 것이다. 그 결과 펀딩은 성공적으로 이루어졌으며, 육교 건설 자금의 상당액을 모금할 수 있었다.[94]

소셜크라우드 펀딩을 통해 사회적 혁신 생태계에서 작은 성공 사례가 더 많은 성공 사례를 만들어내는 증폭 작용을 기대할 수 있다.

소셜크라우드 펀딩의 성공 사례가 소셜네트워크 서비스로 확산되면 사회적 기업과 사회적 혁신 생태계에 대한 공중의 관심과 참여를 높임으로써 큰 파급효과가 발생할 수 있기 때문이다. 사회적 혁신 생태계에서 소셜 크리슈머의 확산을 위해 이타적 동기에만 호소하는 공익 광고류의 홍보 전략은 그 효과를 기대하기 어렵다. 시민이 직접 참여해 세상의 변화를 경험하게 하고 그 작은 승리에서 오는 자긍심이 입소문을 통해 전파될 때 사회적 혁신 생태계의 수요는 증가할 수 있다. 우리가 물건을 구매할 때 친구나 가족의 생생한 경험담이 결정적인 영향을 주는 것과 동일한 이치다.

CASE STUDY
〈네덜란드 로테르담 육교 건설〉

네덜란드 로테르담(Rotterdam)의 루크싱(Luchtsingel) 육교 건설은 크라우드 펀딩을 통한 도시재생의 시초이자 가장 성공적인 도시재생 사례 중 하나로 꼽힌다. 이 지역은 과거 8차선 도로와 철길이 동시에 가로지르는 곳으로 자동차 없이는 접근이 매우 어렵고 항상 극심한 교통정체에 시달렸을 뿐 아니라, 2008년에는 네덜란드 경제 상황이 크게 악화됨에 따라 점차 낙후되기에 이르렀다. 로테르담 시 정부는 도시 재정비를 위해 도시개발종합계획을 발표했지만, 실제 모든 공사가 끝나기까지는 30년 이상의 시간이 걸린다는 치명적인 문제가 있었다. 이러한 상황을 지켜본 건축사무소 ZUS(Zones Urbaines Sensibles)는 버려진 철로가 개성 있는 명소로 탈바꿈한 뉴욕의 하이라인공원 사례에 영감을 얻어 "내가 만 드는 로테르담(I Make Rotterdam)"이라는 크라우드 펀딩을 통한 도시 재생 프로젝트를 시작하게 된다.

ZUS는 육교를 건설할 자금을 마련하기 위해 시민들로부터 최소 25유로 (한화 약 33,000원)에서부터 최대 1,250유로(한화 약 168만 원)에 이 르기까지 다양한 단위로 모금 활동을 벌였다. ZUS는 펀딩에 참여한 시민 들에 대한 보상으로 육교에 설치되는 나무판자 하나하나마다 본인의 이름 이나 친구, 가족, 연인에게 전하고 싶은 메시지와 광고 등을 기록하는 아 이디어 또한 생각해냈다. 그 결과 시작한 지 석 달 만에 목표액 10만 유로 (한화 약 1억 3400만 원)의 1/3에 달하는 금액이 모이는 등 성공적으로 모금 활동을 진행할 수 있었고, 그 결과 육교를 건설함으로써 기존의 교통 정체나 시민의 안전 문제 등을 효과적으로 해결할 수 있었다.

로테르담 시의 육교 사례가 우리에게 주는 가장 중요한 교훈은 크라우드 펀딩이 시민들의 참여로 이루어질 수 있음을 보여주는 동시에 도시개발을 통해 상당한 사회적 가치를 창출해냈다는 데 있다. 시민들은 자신들이 거 주·활동하는 지역에 가장 필요한 육교를 건설함으로써 로테르담 시 정부 조차 해결할 수 없었던 고질적 교통 문제를 해결했을 뿐만 아니라 자신들 의 생활 터전에 중요한 사회적 변화를 일으킴으로써 유대감과 정서적 가 치를 향상시킬 수 있었던 것이다. 이뿐 아니라 루크싱 육교 건설을 시작으 로 2012년에는 시 정부로부터 400만 달러(한화 약 40억 8000만 원)에 달하는 예산을 지원받아 도시를 재정비하고 가꾸는 데 투자할 수 있었다. 결국 육교 건설은 그 자체로 사회적 문제를 해결하고 가치를 창출했을 뿐 만 아니라 나아가 시민과 정부가 관련 문제에 관심을 가지면서 또 다른 프 로젝트나 펀딩에 참여할 수 있도록 동기를 부여했다는 점에서 긍정적으로 평가할 수 있다.

도시가 개발되는 과정에서 일어나는 지역문제, 사회문제 등을 지역주민 이 자발적으로 모여 공동의 힘으로 해결해나갔다는 점에서 로테르담 시의 사례는 우리에게 유용한 시사점을 제공한다.

신뢰받는 사회적 혁신 생태계의 구축

사회적 혁신 생태계의 진화를 위해서는 구매자로서 그리고 생산과정의 참여자로서 소셜 크리슈머의 역할이 매우 중요하다. 그럼에도 시민들은 그들이 소비자든 투자자든 간에 과연 믿을 수 있는 사회적 기업이 있는지 알 방법이 없다는 점에서 생태계의 참여자 역할에 대해 상당 부분 의문을 품을 수 있다. 사회적 기업이 만드는 제품과 서비스에 대한 정보는 물론, 사회적 기업의 목표와 경영 방식 등 내부 정보에 대한 접근이 현실적으로 어렵기 때문이다. 이는 사회적 기업에 대한 소비자의 신뢰의 문제와도 직결된다.

따라서 좋은 사회적 기업에 대한 정보를 손쉽게 얻을 수 있도록 하는 방안으로서 인증 제도가 필요하다. 여기서 쓰이는 인증의 의미는 인증 사회적 기업의 개념과 혼동해서는 안 된다. 우리는 「사회적기업육성법」에서 일정 요건을 갖춘 사회적 기업에게 정부 지원금을 지원하기 위해 쓰는 표현인 '인증' 사회적 기업과는 별개의 인증 제도를 제시하는 것이다.

일례로 민간 비영리조직인 B Lab이 만든 글로벌 소셜 임팩트 기업 인증 제도인 비콥B-Corporation, B-corp을 꼽을 수 있다. 비콥은 사회적 기업만을 대상으로 하지 않는다. 민간기업도 사회에 긍정적인 영향을 준다면 인증을 받을 수 있다. 기업의 지배구조, 근로 환경, 지역사회 기여도, 환경친화성 등 총 네 개 부문에서 GIIRSGlobal Impact Investing Rating System 프로그램을 통해 평가하고, 사회적·환경적 성과 기준을 충족한 지속가능한 기업에게 인증을 부여한다. 2015년 5월을 기준으로 41개국의 1,200개 이상의 기업이 인증을 받았는데, 그중에는 우리에게도 잘 알려진 세계적으로 유명한 기업들도 포함되어 있다.[95] 친환경 아웃도어 브랜드 '파타고니아Patagonia'나 버려지는 서적들을 모아 판매한 수익으로 다양한 문맹퇴치 활동을 전개하는 '베러월드북스Better World Books', 친환경적인 방식의 아이스크림 제조업체인 '벤앤제리스Ben & Jerry's' 등이 대표 기업들이다.[96]

정부보다는 민간이 혁신을 주도하는 미국의 맥락이 반영된 것이긴 하지만 인증 제도가 민간의 비영리조직에 의해 발전되었다는 점에 우리는 주목할 필요가 있다. 우리나라도 그간 다양한 영역에서 기업 혹은 기관에 대한 인증 제도를 정부가 만들어왔으나 그 실효성에 대한 비판이 끊임없이 제기되어 왔다. 인증 제도를 운영하는 주체의 공신력이 중요하기는 하지만 그것이 꼭 정부일 필요는 없다.

CASE STUDY

〈비콥B Corporation〉

 B Corporation(이하 B Corp)이란 비즈니스를 통해 사회 환경적 문제를 해결하고 사회에 긍정적인 영향을 미치는 기업을 확대하고자 2007년 미국의 민간 비영리조직인 B Lab이 만든 글로벌 사회적 기업 인증 제도이다. B Lab은 지난 2006년 미국의 제이 코엔 길버트(Jay Coen Gilbert)와 바트 훌라한(Bart Houlahan), 앤드루 카쏘이 (Andrew Kassoy)가 공공 섹터의 목적에 영리 섹터의 단체를 결합하여 새로운 경제 섹터를 창조한다는 목표를 가지고 설립한 기관이다. 이들은 사회가 당면한 다양한 과제의 해결에 있어 정부나 비영리 섹터보다는 오히려 기업이 핵심적인 역할을 할 수 있음에 주목했다. 특히 이들은 다양한 사회적·환경적 변화에 있어 비지니스가 에이전트 역할을 할 수 있다고 믿었는데, 이것이 B Lab의 출발이다.

B Lab은 기업의 비즈니스를 지배 구조, 근로 환경, 지역사회 기여도, 환경친화성 등 총 네 개 부문에 대한 GIIRS(Global Impact Investing Rating System) 프로그램을 통해 평가하고, 사회적·환경적 퍼포먼스의 기준을 만족한 지속가능한 기업에게 비콥 인증을 부여한다. 2015년 5월 현재 41개국의 1,200개 이상의 기업이 이미 비콥의 인증을 받은 상태이며, 제품 생산으로 인한 환경적 영향을 감안해 '우리 제품을 사지 말라'는 파격적인 마케팅을 진행한 바 있던 친환경 아웃도어 브랜드 '파타고니아(Patagonia)'나 버려지는 서적들을 모아 판매한 수익으로 다양한 문맹퇴치 활동을 전개하는 '베러월드북스(Better World Books)', 성장촉진제 없이 친환경적인 방식으로 자란 소의 우유로 만든 아이스크림 제조업체인 벤앤제리스(Ben&Jerry's) 등 전 세계 유명 기업들 또한 비콥 인증을 획득했다.

비콥이 다른 인증 제도와 구별되는 것은 바로 민간이 중심이 된다는 점이다. 즉 사회적·환경적 문제의 해결에 있어 자본주의의 원리를 활용한 기업이 중심이 된다는 점이 비콥의 독특한 특징이라고 볼 수 있다. 물론 비콥 인증을 받았다 할지라도 결국 기업이라는 특성상 이해관계자들의 이익을 고려해야 한다는 점이나 사회적 성과와 임팩트의 평가 프로세스에 보완이 필요하다는 점 등은 앞으로 비콥이 해결해야 할 과제다. 그러나 사회적 가치의 창출에 있어 정부의 정책과 지원을 바탕으로 한 양적 성장보다는 민간의 자발적인 노력이 중심이 되는 질적 변화가 때로는 효과적일 수 있다는 것을 우리는 비콥을 통해 배울 필요가 있다.

사회적 기업에 대한 시민의 신뢰 수준은 정보 접근성뿐만 아니라 사회적 경제 조직의 자산을 누가 소유하고 있는가에 따라서도 달라질 수 있다. 사회적 혁신 생태계를 조성하는 데 있어 정부의 지원은 불가피하며, 정부의 지원 형태가 인건비든 경영 역량을 위한 간접 지원이든 결국 시민의 세금을 재원으로 한다는 점은 누구도 부정할 수 없는 사실이다. 사회적 경제 조직에 투입되는 자원이 사회적 문제 해결을 위한 투자의 성격을 가지고 있고 사회적 경제 조직 또한 사회적 가치 추구라는 숭고한 목적을 가지고 있기는 하지만 이 문제는 꼭 짚고 넘어가야 할 부분이다.

사회적 혁신 생태계 조성을 위한 정부의 재원을 시혜적 성격의 공돈으로 인식하지 않고, 나아가 사회적 경제 조직의 자산은 공동체의 자산이라는 인식의 전환을 일으키는 제도적 장치가 필요하다. 정부가 주도해 사회적 경제를 발전시키고 있는 영국이 사회적 기업인 CIC^{Community Interest Company}에 적용되는 Asset Lock 규제는 이런 점에서 시사하는 바가 크다.

Asset Lock은 2005년 영국이 지역사회 문제해결에 초점을 둔 사회적 기업 CIC에 적용되는 규제이다. 이는 CIC가 창출한 이윤을 기업의 주주나 이해관계자들에게 전부 배분하는 것을 법적으로 금지하는 것을 주요 내용으로 한다. 자산이나 이윤을 배당금으로 전환할 수 있는 범위를 법적으로 한정해 자산을 사적 목적 등 임의로 처분하지 못하도록 하는 것이다. CIC의 자산은 실제 지방정부로부터 확보된 경우가 대다수이므로, 이를 사적으로 소유하는 것을 제도적 장치를 통해 규제하는 것이라 볼 수 있다.[97]

CASE STUDY

〈영국의 CIC와 Asset Lock〉

2005년 영국은 새로운 사회적 기업의 형태를 법적으로 규정하였는데, 이것이 바로 CIC(Community Interest Company)이다. CIC는 지역사회의 이익을 증진시키기 위한 사회적 목적을 토대로 설립된 새로운 유한책임회사(limited company) 형태의 사회적 기업이다.

CIC의 활동을 통해 창출된 이윤은 기업의 주주나 이해관계자들에게 전액 배분되는 것이 법적으로 금지되어 있다. 즉 CIC는 본래 지역사회에 수익을 환원한다는 사회적 목적을 가진 조직이기 때문에 자산이나 이윤의 일부만을 배당금으로 전환할 수 있도록 법적인 제약을 받는다. 또한 CIC 자산은 대부분 지역사회에 공헌하기 위한 목적을 가지고 지방정부로부터 넘겨받은 공공자산이다. 따라서 CIC 자산을 사적 목적으로 임의로 처분하지 못하도록 하는 Asset Lock의 규제를 받는다. Asset Lock의 제약하에서는 배당에서 제외된 수익이 다시 공동체와 사회에 환원되어 새로운 사회적 가치를 창출하는 데 활용된다. Asset Lock은 CIC가 본래의 사회적 목적을 달성하고 소비자의 신뢰를 제고하는 데 기여할 뿐만 아니라, 추후 정부의 다른 펀딩을 받는 토대 역할을 하게 된다.

Asset Lock은 결국 기업 활동과 배분에 제약을 가하는 규제로 작동함과 동시에 지속적으로 지역사회에 환원할 수 있는 순환 고리를 만듦으로써 CIC의 자생적 발전에 기반이 된다.

Asset Lock은 우리나라와는 전혀 다른 역사적 배경을 가진 영국의 사례지만, 사회적 경제 조직에서 발생할 수 있는 도덕적 해이를 사전에 방지함으로써 정부재원 투입에 대한 시민들의 지지를 유지·확대할 수 있는 장치라는 점에서 큰 의미가 있다. 사회적 혁신 생태계가 지닌 긍정적 기능과 그 파급효과에 사회 분위기가 고양되어 있어 사회적 경제의 성장을 위한 동력이 확보된 것은 반가운 일이다. 그럼에도 사회적 경제 조직에서 부정적인 사건들이 발생하면 사회적 경제에 대한 신뢰가 낮아지고 우호적인 여론은 급변할 수 있다는 점을 잊지 말아야 한다.

지속가능한
사회적 혁신을 꿈꾸며

●

요즘 A씨는 아침마다 한숨만 나온다. 그가 운영하는 회사가 올해 행복일보가 발표한 소셜임팩트 평가에서 최하위권을 기록했기 때문이다. 아니나 다를까, 주식은 계속 하락하고 신입사원 지원자도 절반으로 감소했다. "사장님, 이제 이 회사 인턴십은 스펙에 아무런 도움이 안 됩니다." 어제 사직서를 낸 인턴 직원의 말이 아직도 생생하다.

지금까지 우리는 사회적 경제의 미래가 사회적 혁신 생태계에 달려 있다고 보고 생태계의 다양한 측면을 파악하는 한편, 성숙한 사회적 혁신 생태계로 도약하는 데 있어 풀어야 할 여러 과제들을 살펴보았다.

그렇다면 성숙한 사회적 혁신 생태계와 그 속에서 살아가는 구성원들의 미래상은 어떤 모습일까. 상상컨대 일반 기업, 사회적 기업, 비영리 조직들을 막론한 다양한 참여자들이 끊임없이 혁신을 추구하고 있을 것이다. 하지만 이러한 혁신은 이윤극대화를 위한 기술적·관리적 내용에 국한된 것이 아닌 사회문제를 해결하는 가치창출의 활동일 것으로 기대한다. 이를 테면 여러 조직들이 오프라인 회합과 온라인 플랫폼을 통해 혁신 아이디어에 대한 의견을 자유롭게 교환하고 연구 공간인 혁신랩을 만든다. 대학은 일종의 사회적 혁신 거점 센터로서 기업과 함께 파트너십을 구성하여 기존의 비즈니스 모델이 발견하지 못했던 새로운 사회문제의 영역을 찾고 그 해결을 위한 컨설팅과 인큐베이팅의 역할을 담당한다.[98] 이렇게 사회적 가치의 창출을 위한 활동이 다양한 참여자들에게 일상화되어 있는 사회적 혁신 생태계 3.0 단계에서는 오랫동안 해결하지 못했던 사회문제들에 대한 해답을 찾기 위한 끊임없는 실험이 계속될 것이다.

우리가 궁극적으로 꿈꾸는 사회적 혁신 생태계가 완성되면 영리의 추구와 사회적 목적의 추구는 더 이상 서로 상충되는 활동이 아니다. 단순한 돈벌이를 넘어서 양극화 해소, 기회균등, 환경보전, 인권보호를 위한 도전과 실험에 무수한 기업들이 동참하고, 크고 작은 다양한 사회적 혁신을 위해 투자하는 것이 '선택'이 아닌 '필수'가 되면서 기업 경영의 핵심 패러다임으로 자리 잡게 될 것이다. 뿐만 아니라 수익극대화 추구보다는 적극적으로 사회보장에 기여하는 활동이 기업 규범이 될 것으로 예상한다. 사회적 책임과 가치를 추구하는 기업은 더 이상 '착한' 기업이 아니라 '보통' 기업이 되는 바로 그런 세상이 우리가 도달해야 할 사회적 혁신 생태계의 이상적인 모습이 아닐까?

우리는 지금의 사회적 혁신 생태계를 바라보면서 희망과 우려를 동시에 느끼고 있다. 현재 사회적 혁신 생태계는 지속가능성과 혁신성을 갖춘 온전한 생태계와는 매우 동떨어진 모양새다. 사회적 성과 달성은 고사하고 경제적 성과마저 저조하며, 사회적 기업 간 그리고 다른 일반 기업과의 협력과 연계는 활발하지 않다. 생태계에 속한 다양한 주체들의 역할과 책임은 여전히 모호하며, 풍부한 자원의 유입이나 윤리적 소비는 찾아보기 어렵다.

그럼에도 우리나라는 많은 다른 아시아 국가들에 비해 사회적 기업에 관한 관심과 열정이 가장 뜨겁다는 점 또한 부인할 수 없는 사실이다. 특히 기업의 사회적 책임과 공유가치 창출에 대한 논의와 실험이 빠르게 확산되고 있다는 점은 우리 사회에서 발견할 수 있는 희망의 증거이다.[99] 창의적인 사회적 혁신 아이디어들 또한 조금씩 싹을 틔우는 것도 찾아볼 수 있다.

그렇다면 어떻게 우리의 사회적 혁신 생태계가 변환적 확산의 3.0 단계로 진화할 수 있을까. 빈곤, 질병, 환경, 인권 등 여러 사회 문제에 대한 해결책이 제시되고 혁신적인 변화가 촉진되어 양질의 일자리뿐만 아니라 사회 문제 해결을 위한 창의적 아이디어가 지속적으로 등장하는 사회, 사회적 혁신과 도전이 넘쳐나 사회적 가치와 경제적 가치가 조화로운 균형을 이루는 이상적인 사회로 도약하려면 지속가능한 생태계 조성에 초점을 둔 전략이 필요하다.

먼저 그러한 전략은 혁신 역량의 고양으로부터 출발한다. 혁신적 지식의 활성화와 함께 시민 모두가 사회적 가치를 생산하고 소비하는 데 적극적으로 참여하는 등 사회 전반적인 혁신 역량을 높이고 이를 가속화하려는 노력은 생태계의 성숙도를 높이는 중요한 요인이다. 그러나 실제 사회적 경제 조직이 자체적으로 혁신 역량을 높이는 데에는 많은 비용과 시간이 소요되므로, 이들에게 모든 책임과 의무를 부과하는 것은 현실적으로 무리라고 볼 수 있다. 이를 해결하고 다양한 혁신 활동을 이끌어내기 위한 전략으로 우리는 오픈 소셜 이노베이션 플랫폼의 구축을 제안했다.

둘째, 다양한 사회혁신 의제를 꾸준히 발굴하고 이를 기업 활동을 통해 달성하려는 사회적 가치사슬의 구현은 선순환 생태계의 조성을 위한 디딤돌이 될 것이다. 이러한 가치사슬은 특히 네트워킹, 즉 수직적 그리고 수평적 연계를 통해 가능하다. 먼저 수직적 연계로써 지주회사 형태의 조직을 설립하는 전략이 요구된다. 현재의 사회적 기업과 같이 규모가 크지 않은 영세한 기업이 조직 전반에 걸친 모든 활동을 담당할 경우 비전문성으로 인해 자원과 인력의 낭비가 발생할 가능성이 크다. 따라서 지주회사가 경영관리 전반을 담당하게 하고 개별 사회적 기업은 사회적 목적 실현을 위한 구체적 전략에 집중함으로써 조직 활동 전반의 효율성을 높이는 방안이 필요하다.[100]

이에 더하여 다른 사회적 기업이나 협동조합 등 관련 조직들의 네트워킹을 촉진하는 수평적 연계를 강화함으로써 협력을 도모하고, 다양한 사회문제 해결에 대한 공동의 대응을 꾀할 수 있다. 특히 이러한 수직적·수평적 연계를 현실적으로 가능케 할 중간 조직의 지원 또한 필수적인 부분이다.

셋째, 정부와 대기업 두 이해관계자 간의 생산적 대화와 공조를 통한 협력 거버넌스의 구축 역시 사회적 혁신 생태계로 나아가는 길목에서 반드시 풀어야 할 숙제다. 사회적 목적을 추구하는 조직들과의 파트너십은 정부에게는 사회적 문제의 해결을, 대기업에게는 사회적 책임의 이행이라는 이득을 가져다준다. 따라서 정부는 이들에 대한 통합적 정책 관리를 통해 간접 지원을 강화할 필요가 있다. 풍부한 자원과 역량을 바탕으로 혁신에 대한 지식과 기술을 공유할 수 있다는 점에서 사회적 혁신 생태계 성숙을 위한 대기업의 역할은 무궁무진하다.

마지막으로 성숙한 생태계 조성을 위해 시민들의 의식과 사회 전반적인 제도의 변화가 필요하다. 사회적 가치 창출에 대한 담론적 논의에서 그치는 것이 아니라 이를 객관적으로 측정하고 그에 대한 보상이 이루어지는 시스템의 구축, 그리고 윤리적 생산이나 소비를 소중히 여기는 의식 전환을 통해 다양한 시민들이 사회적 가치 창출에 동참하는 변화야말로 사회적 혁신 생태계의 진화를 위해 본질적이고 필수적인 부분이다.

이상의 전략들은 정부 주도하에 양적으로 성장한 현재의 사회적 혁신 생태계가 과도기적 성격을 극복하고 자생적으로 진화해 나갈 수 있도록 유도하는 데 초점을 둔 것이다. 과도기의 단계에 있는 사회적 혁신 생태계를 진단하다 보면, 모든 대목에서 문제와 한계를 발견하곤 한다. 사실 현재 우리나라에서는 사회적 경제에 관한 열풍만큼이나 사회적 경제의 발전을 위한 해법들이 무수하게 제시되고 있다. 하지만 단기적인 성과에 집착하여 응급처치에만 급급하거나 유토피아를 찾아 헤매는 사치를 계속한다면 사회적 혁신 생태계의 도래는 요원할지 모른다. 사회적 경제의 문제 해결을 위한 노력이 무엇에 우선순위를 두어야 하는지, 그리고 거시적이고 장기적인 시각에서 우리가 할 수 있는 일이 무엇인지를 현실적으로 냉철하게 고민하는 연구자들과 사회 혁신가들에게 미흡하나마 이 글이 도움이 되었으면 하는 바람이다.

참고문헌

| 참고문헌 |

1. 장용석·정장훈·조승희. 2014. 인적자원관리제도 운영의 딜레마 : 효율성과 책임 성의 공존에 관한 공·사부문 비교분석, 한국행정학보. 48(2): 27-53.
   장용석·조희진. 2013. 공공-민간 경영 패러다임의 융합적 전환: 변화의 추세와 조직의 대응, 인사조직연구. 21(3): 69-104.
2. 한국신문. 2014년 3월 5일. 우후죽순 사회적 기업…속사정은 '문 닫을판'.
3. 이명석·배재현·양세진. 2009. 협력적 거버넌스와 정부 역할: 사회적 기업 사례를 중심으로, 한국정책학회보 18(4): 146~171.
4. 경제인문사회연구회. 2012. 자생적인 공생의 생활문화 조성 및 성장 촉진을 위한 정책제언.
5. 이장우. 『패자 없는 게임의 룰 동반성장』, 미래인, 2011.
6. 장용석·조희진. 2013. 공공-민간 경영 패러다임의 융합적 전환: 변화의 추세와 조직의 대응, 인사조직연구. 21(3): 69-104.
7. Agranoff, R., & McGuire, M. 2003. Collaborative public management: New strategies for local governments. Georgetown University Press.
8. Gueslin, A. 1998. L'invention de l'conomie sociale. Paris: Economica.
   김영철. 2011. 사회적 경제와 지역의 내발적 발전, 지역사회연구 19(2): 25-49.
9. Dunoyer, Charles. 1973. De la libert du travail. Guillaumin.
   신명호. 2013. 사회적 경제, 복지국가로 가는 길인가?, 지식협동조합 좋은나라 제 4회 월례정책포럼 발표집.
   주성수. 『사회적 경제: 이론, 제도, 정책』, 한양대학교 출판부, 2010.

10. Defourny, J. & Develtere, P. 1999. The Social Economy: Worldwide Making of a Third Sector, in Fontenau eds., The Social Economy in North and South. Belgium: Hoger Instituut voor de Arbeid.
   장원봉.『사회적 경제의 이론과 실제』, 나눔의 집, 2007.

11. MacPherson, I. (2007). Considering options: The social economy in Canada – Understandings, present impact, policy implications. In I. MacPherson (Ed.), One Path to Co-operative Studies (Vol. 1, pp. 423-454). Victoria, BC: New Rochdale Press.
   Goldenberg, M. 2004. Social Innovation in Canada. Canadian Policy Research Networks.
   (http://envision.ca/pdf/SocialEconomy/SocialInnovation.pdf)
   주성수.『사회적 경제: 이론, 제도, 정책』, 한양대학교 출판부, 2010.
   신명호. 2009. 한국의 '사회적 경제' 개념 정립을 위한 시론. 동향과 전망 통권 75: 11-46.
   엄형식.『한국의 사회적 경제와 사회적기업』, 실업극복국민재단(함께일하는사회), 2008.

12. Lukkarinen, M. 2005. Community development, local economic development and the social economy. Community Development Journal, 40(4), 419-424.

13. OECD. 2007. Social Economy: Building Inclusive Economies. Paris: OECD.

14. 장원봉. 2007. 사회적 경제(Social Economy)의 대안적 개념화: 쟁점과 과제, 시민사회와 NGO 5(2): 5-34.

15. 송위진. 2014. 사회적 경제 조직의 혁신 활동 특성과 시사점, 동향과이슈 제14호.

16. 김경희. 2013. 사회적 경제를 통한 지역혁신의 가능성과 한계, 공공사회연구 3(2): 126-150.

17. Westlund, H., & Bolton, R. 2003. Local social capital and entrepreneurship. Small Business Economics, 21(2): 77-113.

18. 주성수.『사회적 경제: 이론, 제도, 정책』, 한양대학교 출판부, 2010.

19. Quarter, J. 1992. Canada's Social Economy. James Lorimer & Company.

20. Arther, L., Cato, M., Keenoy, T. & Smith, R. 2005. "Developing Operational Definition of Social Economy."
    http://arnova.omniooksonline.com/2006/data/papers/PN062020.3.pdf.

21. European Commission(EC). 2001. Social Economy(Cooperatives, mutuals, associations, foundations)."
    http://europa.eu.int/comm/enterprise/entrepreneurship/coop

22. 신명호. 2013. 사회적경제, 복지국가로 가는 길인가?, 지식협동조합 좋은나라 제4회 월례정책포럼 발표집.

23. Bowen, H. 1953. Social Responsibilities of the Businessman. New York: Harper.

24. Lee, M. D. P. 2008. A review of the theories of corporate social responsibility: Its evolutionary path and the road ahead. International journal of management reviews, 10(1): 53-73.

25. Davis, K. 1960. Can business afford to ignore social responsibilities?. California Management Review, 2(3): 70-76.

26. McGuire, J. W. 1963. Business and Society. New York: McGraw-Hill.

27. 김희성. 2008. 기업 사회공헌의 결정 요인에 관한 연구. 고려대학교 사회학과 석사학위논문.

28. Porter, M. E., & Kramer, M. R. 2011. Creating shared value. Harvard business review, 89(1/2): 62-77.

29. Crane, A., Palazzo, G., Spence, L. J., & Matten, D. 2014. Contesting the value of "creating shared value". UNIVERSITY OF CALIFORNIA, BERKELEY, 56(2): 130-153.

30. 조영복·곽선화·류정란.『사회적 기업의 국가별 정책과 전략』, 사회적 기업 연구 총서, 2009.

31. 김신양. 2006. 사회적 기업, 세계적 동향과 과제.

32. HERI 리뷰. 2010.03.02.

33. HERI 리뷰. 2010.03.02.

34. Haugh, H. 2005. 사회적 기업아 정신 연구 아젠다, 사회적 기업 저널 1(1): 1–13. Social Enterprise London.
    김성기. 2009. 사회적 기업 특성에 관한 쟁점과 함의, 사회복지정책 36(2): 139–166.

35. DTI. 2002. Social Enterprise: A Strategy for Success.

36. Defourny, J. 2006. 확장된 유럽에서의 사회적 기업 개념과 현실, 한국노동연구원 국제노동브리프 4(6): 4–38.
    이인재. 2009. 한국 사회적 기업의 쟁점과 전망, 동향과 전망, 봄호: 109–141.

37. Defourny, Jacpues and Marthe Nyssens. 2012. The EMES apporach of social enterprise in a comparative perspective. EMES network WP no.12/03
    Pestoff, V., (1998 & 2005), Beyond The Market and State. Civil Democracy and Social Enterprises in a Welfare Society; Aldershot, UK & Brookfield, NJ: Ashgate.

38. 국제협동조합연맹(International Co-operative Alliance) http://ica.coop

39. 행정자치부. 2014. 2014년 「마을기업」 육성사업 시행지침.

40. 김윤호. 2010. 커뮤니티 비즈니스의 개념정립에 관한 연구: 사회적기업과의 구분을 목적으로, 한국사회와 행정연구 21(1): 275–299.

41. 현대경제연구원, 2006. 커뮤니티 비즈니스: 지역경제활성화의 세 모형.

42. 최조순. 2013. 지역일자리 창출 정책의 제도적 동형화에 관한 연구 –"사회적기업"과 "마을기업" 정책을 중심으로-, 시민사회와 NGO 11(1): 3–32.

43. 한국사회적기업진흥원 홈페이지 발췌.

44. 공익 인포그래픽, 2014-05-28일자 기사 일부 발췌.

45. 공익 인포그래픽, 2014-05-28일자 기사 일부 발췌.

46. 김신양. 2006. 사회적 기업, 세계적 동향과 과제.

47. 사회적경제센터. 2013-02-01 게시글.

48. Mulgan, G. 2006. The process of social innovation. innovations, 1(2): 145–162.

49. Mulgan, G., Tucker, S., Ali, R., & Sanders, B. 2007. Social innovation: what

it is, why it matters and how it can be accelerated, skoll centre for social entrepreneurship. Working paper.

50. 송위진·장영배·성지은. 2009. 사회적 혁신과 기술집약적 사회적 기업. 과학기술정책연구원 정책연구.

51. 송위진. 2014. 사회적 경제 조직의 혁신활동 특성과 시사점, 동향과이슈 제14호.

52. 주성수.『사회적 경제: 이론, 제도, 정책』, 한양대학교 출판부, 2010.

53. Saul, Jason. 2010. Social Innovation, Inc.: 5 strategies for driving business growth through social change. John Wiley & Sons. (안젤라 강주현 옮김, 「CSR 3.0: 기업 사회공헌에서 기업사회혁신으로」, 청년정신, 2011.

54. 정보통신산업진흥원. 2012. 산업특성별 IT R&D 체계 개선 방안 연구. p.16

55. Iansiti, M & Levine, R. 2004. Strategy as Ecology. Harvard Business Review, March: 1–11.

56. 이 네 차원은 다음의 Marleba의 논의를 재구성해 발전시킨 것이다.
Marleba, F. 2002. Sectoral Systems of Innovation and Production. Research Policy 31: 247–264.
Marleba, F. 2005. Sectoral Systems of Innovation: A Framework for Linking Innovation to the Knowledge Base, Structure and Dynamics of Sectors. Economic Innovation New Technology, 14(1–2): 63–82.

57. 사회적기업진흥원. 2013. 사회적 기업 성과분석 보고서.

58. 마이클 포터. 조동영 옮김,『마이클 포터의 경쟁 우위』, 21세기북스, 2009.

59. Hall, P. A. and D. Soskice. 2001. Varieties of Capitalism: The Institutional Foundations of Comparative Advantage. New York: Oxford University Press. 하연섭.『제도분석: 이론과 쟁점』, 다산출판사, 2011.

60. Soskice, D. Divergent Production Regimes: Coordinated and Uncoordinated Market Economies in the 1980s and 1990s. in Herbert Kitschelt, Peter Lange, Gary Marks, and John D. Stephenes (eds.). Community and Change in Contemporary Capitalism. 101–34. New York: Cambridge University Press.

하연섭. 『제도분석: 이론과 쟁점』, 다산출판사, 2011.

61. Porter, M. E. & M. R. Kramer. 2011. Creating Shared Value: How to Reinvent Capitalism and Unleash a Wave of Innovation and Growth. Harvard Business Review Jan–Feb. 2011.

62. 이은혜. 2013. 해외연기금의 임팩트투자 현황. ESG Theme Report. SUSTINVEST.

63. 동아시아연구원. 2014. 2014년 글로브스캔 조사.

64. 헨리 체스브로. 서진영·김병조 옮김, 『오픈비즈니스 모델』, 플래닛, 2009.

65. 조선비즈. 2013-07-30. [P&G 175년] 상생에서 혁신을 찾다.

66. 헨리 체스브로. 서진영·김병조 옮김, 『오픈비즈니스 모델』, 플래닛, 2009.

67. 미국 이노센티브 홈페이지, http://www.innocentive.com
    [네이버 지식백과] 이노센티브 [InnoCentive]

68. 월스트리트저널. 2014-07-08. 아이디어만 내면 개발에서 유통까지 해주는 기업 '쿼키'.
    월스트리트저널. 2014-07-09. "발명은 쉽지 않아" 쿼키의 히트작 vs 실패작.

69. 머니투데이. 2014-03-25. 쿼키가 사는 법, '남의 아이디어로 돈벌기'.

70. 장용석·조희진. 2014. 이윤에 윤리를 더하라.
    서재혁·장용석·정재관 편저 『사회적 책임, 사회적 기업』, 동아시아 연구원, 2015.

71. 마이클 포터. 조동영 옮김, 『마이클 포터의 경쟁 우위』, 21세기북스, 2009.

72. 한국사회적기업진흥원. 2014년 사회적 기업 개요집.

73. GROUPE SOS 홈페이지. http://www.groupe-sos.org/

74. 헤럴드경제. 2012-02-23. "공기관과 대기업간 파트너십 Groupe SOS의 혁신 배워야".
    http://blog.naver.com/the_bridge_?Redirect=Log&logNo=220050040051

75. 머니투데이. 2014-05-23. 무일푼으로 창업, 8만개 일자리 만든 비결.
    http://wakeupdecide.tistory.com/tag/몬드라곤

76. Samhall 2013 Annual Sustainable Report.

국민일보. 2007-05-13. 사회복지… "꿈의 노인시설 장애인기업…".

77. 민주노동당 정책위원회. "제2차장애인복지발전5개년계획" 평가 정책워크샵 자료.

78. 한겨례경제연구소. 2013. 사회적 기업을 어떻게 혁신할 것인가-2013 경영사례집.

79. MIRECO ISSUE. 2013-04. vol.82 APRIL. 사회적 기업가 지원 단체 아쇼카 재단.

80. 주성수.『사회적 경제: 이론, 제도, 정책』, 한양대학교 출판부, 2010

81. 사회적경제센터(http://blog.makehope.org/smallbiz/830)

82. 아쇼카재단 홈페이지 발췌. http://ashokakorea.blog.me/220071661144
베링거인겔하임 홈페이지. http://www.boehringer-ingelheim.com
Making more health 홈페이지. http://www.makingmorehealth.org

83. IDEO.org. 이명호 정의철 박선하 역 옮김,『IDEO 인간 중심 디자인툴킷』, 에딧더월드, 2014

84. SK 동반성장위원회.『행복한 동행』, 이야기가있는집, 2014.
한국일보. 2014-11-19. 행복나래, 협력사에 사회적 기업 DNA 전파한다.

85. 최태원.『새로운 모색, 사회적 기업』이야기가있는집, 2013.

86. 조영복 류정란. 2014. 사회적기업의 사회적 가치 측정, 그 접근법과 발전방향 의 모색. 인적자원관리연구, 21(3): 475. 494.

87. 이로운넷. 2012-09-14. SROI? IRIS? 사회적 가치 측정도구가 무엇인가요?
http://www.eroun.net/33669

88. 고영 전병길.『새로운 자본주의에 도전하라』, 꿈꾸는터, 2009.
중앙일보. 2012-04-26. 브라질서 '사회적 증권거래소' 첫 설립.

89. BVSA 홈페이지. https://www.bvsa.org.br/list-of-finished-projects-2011.

90. 한국사회적기업진흥원. 세계 소비문화의 새로운 트렌드, 윤리적 소비. 2013년 사회적기업매거진 36.5 제9호.
William B. Werther, & David Chandler. 양춘승 옮김,『기업의 사회적 책임과 전략』, 동서미디어, 2012.
[네이버 지식백과] 윤리적 소비 [Ethical Consumption] 시사상식사전. 박문각.

91. Shop ethical! 홈페이지 발췌. http://www.ethical.org.au

92. 동아비지니스리뷰(DBR). 2015-03-18. 173호. 집중, 극치, 속도, 입소문… 인터넷 철학이 샤오미 성장의 원천.

93. [네이버 지식백과] 크라우드펀딩. 두산백과.

94. 크라우드산업연구소. 크라우드펀딩을 통한 도시재생, 가능할까? 네덜란드 로틀담 육교 건설 사례. http://www.crowdri.org/Article/Details/1195
   http://www.archdaily.com/346241

95. https://www.bcorporation.net

96. 임팩트 스퀘어 블로그 발췌. "미국의 비즈니스 생태계가 변화하고 있다: 새로운 경제 섹터를 창조하는 B Lab"
   http://blog.naver.com/impactsquare?Redirect=Log&logNo=185592813

97. Department for Business Innovation & Skills. 2012. Office of the Regulator of Community Interest Companies: information and guidance notes.
   영국 협동조합 사이트 발췌. http://www.uk.coop/comment/1781

98. 송위진. 2014. 사회적 경제 조직의 혁신활동 특성과 시사점, 동향과이슈 제14호.

99. 조선일보. 2014-10-28일자 기사. [더 나은 미래] 한국 사회적 기업 세계적 수준… 공유와 협력 늘려야.

100. Colins, Jim. 『Good to Great and the Social Sector: A Monograph to Accompany Good to Great』, HarperCollins. 강주헌 옮김, 『좋은 조직을 넘어 위대한 조직으로』, 김영사, 2015.